U0524327

辜鸿铭 著

许晓善 编

国学之美

中国画报出版社·北京

编者说明

辜鸿铭,祖籍福建省惠安县,出生于南洋英属马来西亚槟榔屿。学贯中西,号称"清末怪杰",精通英、法、德、拉丁、希腊、马来西亚等9种语言,获13个博士学位,是晚清至民国时期精通西洋科学、语言及东方文化的中国第一人。曾将"四书"中的三部——《论语》《中庸》《大学》,译成英文。著有《中国牛津运动故事》(原名《清流传》)和《中国人的精神》(原名《春秋大义》)等作品。西方人曾流传一句话:到中国可以不看三大殿,不可不看辜鸿铭。

辜鸿铭一生追慕东方文化,弘扬春秋大义,自诩中华文化代言人。他10岁赴英,14岁留德。生在南洋,学在西洋,婚在东洋,仕在北洋,半世颠簸,一生流离。沉郁下僚,自乖于世,而举世以"怪""狂"。

辜鸿铭于中国国学,贡献甚大。他讲国学之体、辨国学之能、论国学之用,向西方世界及西方人宣传中国的国学文化和精神,并乐此不疲。

本次编选，分别从汉学之美、古育之美、道德之美三个方向选择辜氏有关国学的文章，加以遴选，整理成册，展现辜鸿铭笔下的国学之美。囿于时代原因，作者文章中的某些观点与现今主流观点及道德规范有别，基于尊重原著的考虑，在部分文章删减的基础上予以保留。

因年代久远，作者本身的语句习惯与当下有所区别，本书在保留原文原貌的基础上，为便于读者理解与阅读，做了详细注释。除另有标注外，注释皆为编者注。

一个在非凡的年代特立独行，成为中国和南洋、西洋、东洋文化与外交史上绕不过，至今仍产生巨大影响的人，辜鸿铭当之无愧。

向一代国学大师致敬。

目录
Contents

汉学之美
抒写汉学研究，感受中国文化之美

002　中国学（一）

021　中国学（二）

033　孔教研究之一

041　孔教研究之二

054　孔教研究之三

059　孔教研究之四

063　孔教研究之五

071　君子之教

古育之美
以典籍精髓，向美而行，以美育人

082　何谓文化教养

092　中国古典的精髓

098 中国文明的历史发展
109 一个大汉学家
121 中国语言
131 中国妇女
157 中国人的精神

道德之美
道德之美，才是人生最美之美

216 孟子改良
218 践迹
220 孔子教
221 自强不息
222 犹龙
224 学术
226 自序
236 东西文明异同论

汉学之美

抒写汉学研究,感受中国文化之美

中国学（一）

不久以前，一个传教士为了赶同类的时髦，在他系列短文的封面上自称为"宿儒"，闹了许多笑话。这个念头当然是极端滑稽可笑的。在整个帝国内，可以肯定没有一个中国人敢斗胆妄称自己为宿儒。在中国，"宿"字意味着一个学者或文人所能达到的最高境界。然而我们却常常听到某个欧洲人被称作中国学家。《中国评论》的广告里说，"在那些传教士中，高深的中国学正被辛勤地耕耘着。"然后就开列了一批经常撰稿者名单，并说我们相信，所有这些著名学者的研究都是健全可靠、完全可信的。

现在，要估价那种被称为在华传教士辛勤耕耘的学问的高深程度，我们不必拿德国人费希特[1]在他关于《文人》的演讲

---

[1] 费希特（1762—1814）：全称约翰·戈特利布·费希特，德国作家、哲学家、爱国主义者，古典主义哲学的主要代表人之一。作为哲学家，他寻求对哲学思想，特别是康德唯心主义思想的统一；作为爱国主义者，他试图唤醒德意志民众谋求国家统一。——编者注（除另行标注外，均为编者注）

◎ 费希特

◎ 爱默生

里，或美国人爱默生[1]在其《文学伦理学》中所提出的高标准来衡量。前美国驻德公使泰勒先生是一个公认的大德国学家，然而一个读过几本席勒剧本，在某杂志发表过一些海涅诗歌译作的英国人，尽管可以在他的社交圈子里被认作是德国学家，但他却绝不会在印刷品中公然以此自称。可现在那些在中国的欧洲人，只出版了几本关于中国某些省份的方言录，或百来条谚语的汇编，就立刻被冠以一个中国学家的美称。当然，只取一个名目倒也无妨，凭着条约中的治外法权，一个在华的英国人，只要他乐意，随时都可以泰然自若地自称为孔子的。

我们已经被引入来考虑这样一个问题，因为在某些人看来，中国学已超越了早期开拓时期，即将要进入到一个新的阶段了。在这一阶段中，研究中国的人们将不再满足于编纂字典或诸如此类的搬砖运土性质的工作，而试图去建构专著、翻译中华民族文学中最完美的作品，不仅以理性思辨和充分的论据去评判它们，而且最终论定中国文学圣殿中那些最受推崇的文学家。下面，我打算做出如下几点考察：首先，看看正经历着上述转换的欧洲人，他们的中国知识真实到什么程度；其次，看看以往的中国学都做了些什么；第三，看看目前中国学的实际状况如何；最后，指出我们所设想的中国学应该是什么样

---

[1] 爱默生（1803—1882）：全称拉尔夫·沃尔多·爱默生，出生于美国波士顿。美国思想家、文学家、诗人。确立美国文化精神的代表人物，林肯称他为"美国的孔子""美国文明之父"。代表作品《论自然》《美国学者》。

◎ 翟理斯[1]

1　翟理斯(1845—1935)：前英国驻华外交官、著名汉学家、剑桥大学第二任汉学教授。翟理斯终其一生都在为传播中国语言、文学和文化而努力。撰写了第一部英文中国文学史、第一部中国绘画史、第一部英文中国人物传记词典。所编撰的《华英字典》影响了几代中外青年。

的。常言道，一个站在巨人肩上的侏儒，容易把自己想象成比巨人更加伟大。但尽管如此，必须承认，那个侏儒，利用他位置的方便，将必定看得更加宽广。因此，我们将站在前辈们的肩上，对中国学的过去、现在和未来作一个鸟瞰。在这一过程中，如果我们提出与先辈们不完全相同的意见，这些意见，我们希望不要被看成我们有任何自炫高超的意思；我们宣称不过是利用了我们的方便条件。

首先看第一个问题。我们认为，所谓欧洲人的中国知识发生了变化，这只是意味着掌握一门语言知识的较大困难已被排除。翟理斯博士说："人们曾普遍认为，学会说一门语言，特别是一种汉语方言很难。但这种曾被普遍认为的难之所在，很久以前就已被别的历史小说所取代。"的确，不仅口头语言，甚至于书写语言也是如此。一个英国领事馆的翻译生在北京住两年，在领事馆工作一两年，便能读懂一封普通电文的大致意思。因此，说迄今在华外国人之中国知识已发生了一定程度的变化，我们欣然承认；但对于超过这一点的夸大其辞的声言，我们则感到非常怀疑。

继早期耶稣会士之后，马礼逊[1]博士那部著名字典的出版，被公正地认作为所有已完成的中国学研究的新"Point de

---

[1] 马礼逊（1782—1834）：19世纪英国乃至整个欧洲中国学的第一个代表性人物，来华的第一个新教传教士。1807年来中国，1823年首次译完并出版《圣经》（新约、旧约）。主要汉学著作有《汉英字典》《汉语语法》等。

◎ 清末英国传教士马礼逊与他的中国助手在编写第一部《汉英字典》

◎ 郭士腊

départ"（起点）。那部著作无疑留下了一座早期新教传教士那种严肃认真、热情诚挚和良心从事的纪念碑。在马礼逊博士之后的一批学者中，德庇时[1]爵士、郭士腊[2]博士可以作为代表。德庇时爵士真的不懂得中国，他自己也够诚实地承认了这一点。他肯定能讲官话并能够不太困难地阅读那种方言写成的小说。但是像他当时所掌握的那点中国知识，在现今怕是只能胜任任何一个领事馆的洋员职务。然而非常奇怪的是，直到今天，仍能发现绝大多数英国人对于中国的知识，是受到他关于中国著作的影响。郭士腊博士的中国知识可能比德庇时爵士多一点。但他却浅尝辄止，不打算再作进一步的了解。已故的托马斯·麦多士[3]先生后来在揭露郭士腊的虚荣方面做得不错。诸如此类的人还有传教士古伯察[4]和杜赫德[5]。此后，我们奇怪地发

---

[1] 德庇时（1795—1890）：19世纪英国著名汉学家。1844年至1848年，曾任驻华公使商务监督和香港总督。著有《中国诗歌论》《中国概览》《中国人：中华帝国及其居民概述》等书。译有《好逑传》《汉宫秋》等作品，对中国文学、戏剧的西传贡献较大。

[2] 郭士腊（1803—1851）：又名郭士立。德国19世纪早期著名汉学家。著有《中国史略》《开放的中国——中华帝国概述》《道光皇帝传》等作品。

[3] 麦多士（1815—1868）：19世纪前期英国汉学家，驻华领事官。1843年来华，死于牛庄领事任上。著有《关于中国政府和人民及其语言的杂录》等作品。

[4] 古伯察（1813—1860）：19世纪法国汉学家，遣使会在华传教士。1839年来华。著有多部有关中国的作品。

[5] 杜赫德：生平不详。疑似辜鸿铭将18世纪《耶稣会士通信集》的主编杜赫德误认为19世纪法国汉学家。杜赫德主编的《中华帝国全志》，对西方认识中国和西方汉学产生了重大影响。

◎ 古伯察

◎ 杜赫德绘制的中国人婚礼的场面

现蒲尔杰[1]先生，在最近出版的《中国历史》中，把上述这些人引作权威。

在法国，雷慕沙[2]是欧洲所有大学中最先获得汉学讲座教授席位的人。对于他的劳动，我们还无法做出适当的评价。但他有一本引人注目的书：法译中文小说《双堂妹》。那本书，利·亨德（Leigh Hunt）读过，由他推荐给卡莱尔[3]，由卡莱尔传给约翰·史特林。谁读过此书后都觉喜爱，说它一定出自一个天才，"一个天才的龙的传人"之手。这部小说在中国名叫《玉娇梨》，是一部读来十分愉快的书。但它只是中国文学中一个下品的代表，而且即便是在下品中也不占很高位置。不过，想到出自一个中国人脑袋瓜的思想与想象，实际上已通过了像卡莱尔和利·亨德这些人的心灵，总是令人高兴的。

继雷慕沙之后的汉学家有儒莲[4]和波迪埃。德国诗人海涅曾说，儒莲有一个奇妙而重要的发现，即蒙斯·波茨尔一点也

1　蒲尔杰：生平不详，19世纪欧洲汉学家。
2　雷慕沙（1788—1832）：19世纪初期法国汉学家，法国汉学创始人之一。1815年出任法兰西学院汉学讲座首席教授，1822年发起刊行《亚细亚学报》。1826年翻译中国小说《玉娇梨》。著有《汉语语法基础》，该书为西方正式出版的第一部汉语语法著作。
3　托马斯·卡莱尔（1795—1881）：另译为卡列利，苏格兰哲学家、评论家、讽刺作家、历史学家、教师。那个时代最重要的社会评论员，作品在维多利亚时代颇具影响力。
4　儒莲（1797—1873）：19世纪中叶法国著名汉学家。对中国的农业、商业、佛教和戏曲等多个领域有研究。翻译《蚕桑辑要》《道德经》《大唐西域记》等作品。以他的名字设立的"儒莲奖"，是欧洲最高的汉学家奖。

◎ 雷慕沙

◎ 托马斯·卡莱尔

◎ 儒莲

不懂汉语，另一方面，后者也同样有一个发现，即儒莲全然不懂梵文。然而，这些著作家所做的开拓工作却是非常重要的。他们的优势在于全面彻底地掌握了他们本国的语言。另一个可以提及的法国著作家是德理文[1]，他的唐诗译作是开始进入中国文学部分的一种突破，这种工作在此前后是不曾有人做过的。

在德国，慕尼黑的帕拉特[2]博士出版了一部关于中国的书，题为《满族》。像德国人写的所有著作一样，它是一部无懈可击的佳作。其明显意图是要勾勒出中国清王朝起源的历史面貌。但该书的后一部分涉及有关中国问题的一些内容，就我们所知，是从用欧洲文字写成的其他任何一部书中无法找到的。像卫三畏[3]博士的那部《中国总论》之类的书，同它比起来，只能算是一部托儿所的小人书罢了。另一个德国汉学家是史特劳斯（Herr Von Strauss），1866年被普鲁士吞并之前的小德意志公国的大臣。这个老臣卸任后以研究汉学自娱。他出版了一部

1　德理文（1823—1918）：继儒莲之后的法兰西学院汉学教授。曾将唐诗和《离骚》翻译为法文。

2　帕拉特（1802—1874）：19世纪中叶德国著名汉学家。曾为哥廷根大学东方学教授。著有《满族》《关于孔子及其弟子的生平与学说》《中国古代的家庭》《中国古代的法律》等作品。

3　卫三畏(1857—1928)：美国近代著名汉学家和驻华外交官，传教士出身。曾七次代理美国驻华公使馆馆务，1877年卸任回美，被耶鲁大学聘为汉文教授。所著《中国总论》和《汉英拼音字典》是外国人研究中国的必备之书。下文提到的旧字典，指《汉英拼音字典》。辜鸿铭认为这本字典胜过翟理斯的《华英字典》。

◎ 威妥玛与《自迩集》

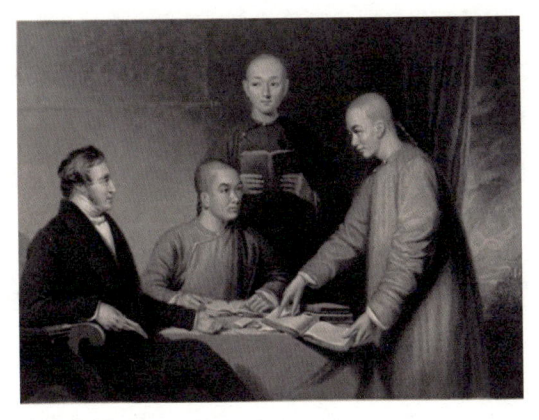

◎ 理雅各与中国助手

《老子》译著，最近又出版了一部德译《诗经》，据广东的花之安先生认为，其中的某些部分还是蛮不错的。他的那首颂歌的翻译也被人们兴致勃勃地谈论着。不幸的是，我们没能获得这些书。

以上我们所提到的学者们，可以被认作是早期的汉学家，开始于马礼逊博士的字典的出版。第二个时期的出现，是以两部权威著作为标志的：一是威妥玛[1]爵士的《自迩集》；再是理雅各[2]博士的《中国经典》翻译。

说到第一部，那些中国知识现已越过能讲官话阶段的西方人可能会嗤之以鼻。尽管如此，它却是所有已出版的关于中国语言的英文书中，在力所能及的范围内的一部最完美的大著。而且这部书被写出是时代呼唤的必然结果。诸如此类的书必须被写出，瞧！它被写出了，在某种程度上说，它的写出既拿走了同代人的所有机会，也不会有来自未来的竞争。

那些中国经典的翻译必然被做，也是时代的必然要求。

1　威妥玛（1818—1895）：19世纪英国著名的汉学家和驻华外交官。汉学上颇有贡献。曾著《自迩集》《寻津录》等书，编有《英华字典》。对中国的语言学较有造诣。所创汉字罗马字拼音方案，被称为"威妥玛氏"注音符号，至今为研究汉学的外国人所用。

2　理雅各（1815—1897）：近代英国著名汉学家，曾任香港英华书院校长，伦敦布道会传教士。他是第一个系统研究、翻译中国古代经典的人，从1861年到1886年的25年间，将"四书""五经"等中国主要典籍全部译出，共计28卷。与法国学者顾赛芬、德国学者卫礼贤并称汉籍欧译三大师，也是儒莲翻译奖的第一个获得者。

理雅各博士完成了它，结果出了一打巨大的、规模骇人的东西。如果单从量上来看，确实是惊人的、了不起的成就。面对着这些卷帙浩繁的译著，我们谈起来都有点感到咋舌。不过必须承认，这些译著并不都令我们满意。巴尔福[1]先生公正地评论说，在翻译这些经典的过程中，大量地依赖了那些生造的专门术语。我们感到理雅各博士所借用的那些术语是深涩的、粗疏和不适当的。有些地方简直不合语言习惯。这还是就形式而言。至于内容，我们不想冒然发表自己的意见，还是让广东的花之安牧师来作评判。花之安牧师曾对我们说："理雅各博士关于孟子的注释，表明他对孟子的书缺乏哲学的理解。"可以肯定，如若理雅各博士没有设法在头脑中，将孔子及其学派的教义作为一个有机整体加以把握，他是无法阅读和翻译这些作品的。然而使人惊奇的是，无论是在他的注释中，还是在专题论述中，理雅各博士都从不让一个单词或句子滑过，以表明他对孔子教义的确是作为一个哲学的整体来把握的。因此，总体说来，理雅各博士对这些经典价值的评判，无论如何不能作为最后的定论来接受。新的翻译者还将接踵而来。自从上面所提到的两种著作出现以后，又有许多关于中国的著作陆续问世：其中，的确有几部具有较大的学术价

---

[1] 巴尔福（1846—1909）：19世纪英国汉学家，1870年来华经营丝茶，后来从事文学和新闻工作。1881—1886年为《字林西报》总主笔。曾翻译老子《道德经》和庄子《南华经》，著有《远东浪游》《中国拾零》等作品。

值,但我们相信没有一部表明中国学已经到达一个重要的转折点。

首先有伟烈亚力[1]先生的《中国文学札记》[2]。但它仅仅是一部目录,而不是一本带有一丁半点文学意味的书。另几本是已故梅辉立[3]所著,其中以《汉语指南》和《中日商埠志》较为有名。先生的《汉语指南》,当然不能被说成是完善的东西,但确实是一部大著,在已出版的关于中国的著作中,它要算是最严谨、认真而不装模作样的了。并且它的实际效用,也仅次于威妥玛的那部《自迩集》。

---

1 伟烈亚力(1815—1887):19世纪英国传教士和汉学家。1847年来华。著有《中国文学札记》(又名《中国文献记略》)、《中国研究录》、《满蒙语文典》等作品。对景教碑有研究。对中国传播西学做出了相当贡献。曾同李善兰一起,翻译《续几何原本》《谈天》《代微积拾级》等西方名著。

2 即《中国文献记略》,1867年出版。《中国文学札记》为《四库提要》的英文简编。

3 梅辉立(1831—1878):19世纪中叶英国汉学家和驻华外交官,取汉名,字映堂。1859年来华,1871—1878年任英国驻华使馆汉文正使。死于上海。著作有《汉语指南》(又名《汉语读者手册》)、《棉花传入中国记》、《中国政府——名目手册》《中外条约集》等。

NOTES

ON

CHINESE LITERATURE:

WITH

INTRODUCTORY REMARKS

ON THE

PROGRESSIVE ADVANCEMENT OF THE ART;

AND A

LIST OF TRANSLATIONS FROM THE CHINESE
INTO VARIOUS EUROPEAN LANGUAGES.

BY

A. WYLIE,

Agent of the British and Foreign Bible Society in China.

SHANGHAE:
AMERICAN PRESBYTERIAN MISSION PRESS.
LONDON:
TRUBNER & Co. 60, PATERNOSTER ROW.
1867.

◎ 伟烈亚力的《中国文献记略》

◎ 梅辉立儿子结婚所用大铜盘

另一个有名望的中国学家是英国领事馆的翟理斯先生。像所有早期的法国汉学家一样，翟理斯先生拥有令人羡慕的文学天赋，文风清晰、有力而优美。他所接触的每个问题，无不立刻变得明晰而易懂。不过也有一两个例外。他在选择值当他那支笔的题目时并不很幸运。一个例外是他的《聊斋志异》翻译。这一翻译可以被视为中文英译的模范。但是，《聊斋志异》尽管是极为优美的文学作品，却仍然不属于中国文学的最上乘之作。

继理雅各博士翻译中国经典的盛举之后，巴尔福先生最近出版的关于庄子《南华经》的翻译，肯定是抱负最高的作品。我们承认，当第一次听到这个消息的时候，期待和高兴的程度简直不亚于听到一个英国人进入中国翰林院的消息。《南华经》被中国人公认为民族文学精华中最完美的作品之一。自从公元前两世纪以前该书诞生以来，它对中国文学的影响简直不亚于儒家经典。以后历朝历代浪漫主义文学语言与精神均受到它的支配性影响，正如同四书五经对于中国哲学著作所发生的影响那样。然而，巴尔福先生的作品一点也算不上翻译，简直就是胡译。我们承认，冒然给予这部肯定花费了巴尔福先生多年心血的作品以此种评价，我们的心情是沉重的。但我们已经冒犯了它，并希望能给予它更好的评价。我们相信，假如我们提出庄子哲学的准确理解和翻译问题，巴尔福先生是绝不会屈尊来参加我们的讨论的。最近新出的《南华经》中文本编辑林希冲，在编者前言中写道："要阅读一部书，必须首先弄懂每个单字的意思；只有弄懂了每个单字的意思，才能正确分析每个句子的语法结构；只有搞通了每个句子的语法结构，才能理解段落的安排。做到了以上几点，才能最终获得整个篇章的中心思想。"然而巴尔福先生翻译的每一页，都留下了硬伤，表明他既未能弄懂许多单字的意思，又未能对句子的语法结构做出正确的分析，还没有准确地理解段落的安排。如果我们所设想的上述观点能够被证实，正如它们很容易被证实的那样，只需看看它们关于语法和句法规则方面的理解水平，便能非常清楚地得知巴尔福先生未能准确把握《南华经》的中心思想了。

在目前所有的中国学家中，我们倾向于把广东的花之安牧师放在首位。虽然我们并不认为花之安先生的成果比其他人更有学术价值或文学价值，但我们发现几乎他写的每个句子，都表明了他对文学和哲学原则的某种把握，而这正是我们在同时代的其他中国学家的作品中所见不到的。至于我们所构想的这些文学和哲学的原则究竟是什么，必须留待本篇的下一部分里再谈了。届时我们希望能够阐明中国学研究的方法、目标和对象。

中国学（二）

◎《宋本大学章句》（宋淳佑十二年当涂郡齐刻本）

花之安先生曾评论说中国人不懂得任何系统的科学研究方法。然而在一部名为《大学》(*Higher Education*)[1]的中国经典里，却提出了一个学者进行系统研究所应当遵循的系列程序。这部经书被绝大多数外国学者认作是一部"老生常谈经"。或许，研究中国的人们，再也没有比按这部经典里所提出的程序去做能做得更好。这个程序就是：起于对个体的研究，从个体进到对家庭的研究，从家庭然后进入对政府的研究。

因此，对于研究中国的人们来说，首先应该去努力弄懂的，是中国人个人行为原则方面最基本的知识，这是必要而不可少的。其次，他要检查一下，看看这些原则是如何运用和贯彻到中国人复杂的社会关系和家庭生活之中的。第三，在完成上述研究之后，他才能将其注意力和研究方向，对准国家的行政和管理制度。当然，这样一个研究程序，正如我们指出过的，只能是在大体上得到贯彻。要彻底执行它，需要学者们付出几乎是毕生的精力，去专心致志、锲而不舍地追求。然而，可以肯定的是，一个人除非他设法让自己熟悉上述原则，否则他就不配称作中国学家或自认为有什么高深学问。德国诗人歌德曾说："在人的作品中，正如同在自然的造化中一样，真正值得注意的和超越一切之上的，是意愿。"在对民族性格的研究中，最重要的、值得注意的也是如此。不仅要关注该民族人

---

[1] 为外国人所熟悉的译名是"Great Learning"。——原注

民的活动和实践,而且要关注他们的观念和理论;要弄懂在他们看来何为好何为坏;他们认为何为正义何为非正义;他们觉得何为美何为不美;他们怎样区分智慧和愚蠢。这就是我们所谓研究中国的人应该探究个人行为原则的意思。换言之,我们的意思是说,你们必须懂得中国人的民族理想(National ideals)。如果有人要问如何才能做到这一点,我们的回答是,去研究该民族的民族文学,从民族文学中,既能窥见他们最美好最高妙的特性,也能看到他们最糟糕的性格方面。因此,应吸引那些研究中国的外国人注意的对象之一,便是该国人民正统权威的民族文学。无论是作为研究必经的阶段,还是仅仅作为达到某种目标的手段,预备的研究都可能是必要的。现在,让我们来看看怎样研究中国文学。

一个德国作家曾说:"欧洲文明建立在希腊、罗马和巴勒斯坦文明的基础之上,印度人、波斯人与欧洲人一样同属雅利安人种,因此他们彼此是亲属关系。在中世纪,同阿拉伯人的交往,又使欧洲文明受到了影响,甚至直到今天这种影响仍然没有消失。"但对于中国人来说,他们文明的起源、发展乃至赖以存在的基础,同欧洲人的文化完全不相干。因此,研究中国文学的外国人,具有要克服不了解其基本观念和概念群的一切不便。他们不仅有必要用外于他们的中国民族之观念和概念来武装自己,而且首先要找到它们在欧语中的对应物。假如这些对应物不存在,便要分解它们,看看这些观念和概念可以归属于普遍人性的哪一面。例如，在中国经典中不断出现的"仁"、"义"和"礼"，英文一般译作"benevolence"、"justice"和"propriety"。然而当我们审查这些英语单词和它们的内涵时，发现它们竟然是那么的不合适：它们并不包含这些中国字所具有的全部意义。再者，"humanity"可能是那个被译成"benevolence"的中国"仁"字最恰当的翻译，但这时的"humanity"，在某种意义上必须理解成不同于英语中的习惯用法。大胆一些的翻译者，会用《圣经》中的"Love"和"righteousness"来译"仁"，它的准确程度恐怕并不亚于任何别的被认为是既传达了词的内涵、又符合语言习惯的翻译。然而现在，如果我们把这些词所传达的观念进行分解并归类于普遍的人性，我们会得到它们的全部含义，那就是"善"、"真"和"美"。

此外，一个民族的文学，如果要研究，一定要将其视作一个有机的整体去系统地研究，而不能割裂零碎，没有计划或程序，正如迄今为止绝大多数外国学者所做的那样。马太·阿诺德[1]先生说过："无论是全部文学——人类精神的完整历史，还是哪一部伟大的文学作品，只有将其作为一个有机的整体来贯通理解时，文学的真正力量才能体现出来。"眼下，我们看到，研究中国的外国人将中国文学视作一个整体来把握的是多么稀

---

[1] 马太·阿诺德（1822—1888）：英国19世纪诗人、社会批评家，浪漫主义文学思潮的重要代表。他对近代资本主义文明十分厌恶。其思想对辜鸿铭产生了较大影响。

◎《宋本孟子集注 卷十四》有关"仁""义""礼"的记载（宋淳祐十二年当涂郡斋刻本）

少！因此他们不大能够认识到其价值和意义，事实上真正懂得它的人也实在稀少！变成他们手中理解中国民族性格的力量也就太小！除了理雅各及其他一两个学者外，欧洲人了解中国文学主要是通过翻译过去的小说，而且并不是最优秀的，只是其中一些最平常的小说。这就好比一个外国人通过布劳顿女士（Rhoda Broughton）的作品，或是通过那类学龄儿童和保姆的阅读小说来评价英国文学一样可笑。当威妥玛爵士发狂地指责中国人"智力贫乏"的时候，他头脑里装的肯定正是中国文学中的这类东西。

另一种常被用来批评中国文学的离奇的评论,是认为它极端不道德,这实际上等于指责中国人不道德,与此同时,绝大多数外国人也都乐于认为中国人是一个爱说谎的民族!事实却绝非如此。除了前面我们已经提到的那些平庸的翻译小说外,从前研究中国的外国人的译作,是把儒家经典排除在外的。在这些经典作品中,除了道德之外,当然还有其他东西。出于对巴尔福先生的尊重,我们认为这些书中所包含的"绝妙理论",绝非像他所评论的那样是"功利的和饶舌的"。在此,我们只举两句话来请教巴尔福先生,如果他真的以为中国经典所包含的"妙论"是"功利的和世俗的",那么下面两句话又该如何解释?孔子在回答一个大臣的问话时曾说:"获罪于天,无所祷也。"又,孟子说:"生,亦我所欲也;义,亦我所欲也,二者不可得兼,舍生而取义者也。"

我们认为将话题扯开,以抗议巴尔福先生的评论是必要的。因为在我们看来,像"上古的奴隶""诡辩的老手"这种尖刻的词,在中国从不被用于评论一部哲学著作,更不必说用于批评那最古老的圣哲了。巴尔福先生可能是被对"南华"先知的那种钦佩引入了歧途。他渴望强调道家优于正统学派,所以在措辞上误入了迷津。我们相信,他那厚颜无耻的评论是必须受到谴责的。

言归正传。我们说过,中国文学必须作为一个有机的整体来研究。另外，我们注意到欧洲人习惯于仅从以孔子名义合成的那些作品，来构筑他们对中国文学的评价。事实上，中国人的文学活动在孔子时代还只是刚刚起步，此后又历经了十八个王朝二千多年的发展。孔子时代的人对文学形式的理解，还非常不完善。

在此，让我们来谈一谈文学作品研究中应予注意的重要一点，这一点在迄今为止的汉学研究中完全被忽视了，那就是文学作品的形式。诗人华兹华斯[1]说："要相信，内容固然重要，但内容总是以文体的形式而出现。"的确，就文学形式而论，以孔子名义合成的那些早期作品，并未自诩为已达到完美的程度。它们被视作经典或权威作品，主要不是因其文体的优美或文学形式的完善，而是以它们所蕴含的内容的价值为准绳的。宋朝人苏东坡的父亲曾评论说，散文体的雏形可以追溯到孟子的对话体。不过，中国文学作品，散文也好，诗歌也好，日后都发展成多种多样的文体和风格。比如西汉的文章不同于宋代的随笔，后者在文体上与培根散文更为相似，而不同于艾迪生[2]或哥尔斯密的散文。六朝诗疯狂的夸张和粗糙的用词不同于唐

---

[1] 华兹华斯（1770—1850）：英国浪漫主义诗人。其诗歌理论动摇了英国古典主义诗学，推动了英国诗歌的革新和浪漫主义运动的发展。文艺复兴运动以来最重要的英语诗人之一。

[2] 约瑟夫·艾迪生（1672—1719）：英国散文家、诗人。曾在牛津大学求学和任教。著有诗篇《远征》、悲剧《卡托》以及文学评论文章等。

华兹华斯

○ 约瑟夫·艾迪生　　○ 济慈

○ 丁尼生

诗的纯净、生动活泼与色彩鲜明，就如同济慈[1]早期诗作的冗漫和不成熟，不同于丁尼生[2]诗的刚健、清晰和色彩适中一样。

因此，正如我们所显示的，一个研究者只有用所研究民族最基本的原则和概念武装起来之后，才能把研究目标对准该民族的社会关系；然后再看这些原则是如何被运用和推行的。但是，一个民族的社会制度、礼仪风俗并非像蘑菇一样在一个晚上就能生长起来，而是历经了漫长的岁月，因此，研究该民族的历史是必要的。现在，欧洲学者对于中国人民的历史迄今为止几近无知。包格先生最近出版的所谓《中国历史》，可能是像中国这样的文明能够被写成的最糟的历史。这样一种历史，如果写的是像南非的霍屯督那样的野蛮人，可能还能够被容忍。这种样子的中国历史书能够出版，只能表明欧洲人的中国知识还多么不完善。而不懂得中国历史知识，便无法对他们的社会制度作出正确的评价。像卫三畏博士的《中国总论》和其它一些关于中国的书，就缺乏这种历史知识，它们不仅无益于学者，甚且会给一般读者以错误的引导。以民族的社会礼仪为例。中国人无疑是讲究礼仪的民族，他们将此归功于孔教的影响也是事实。现在，巴尔福先生可以尽情地谈论中国人礼仪

---

1 约翰·济慈（1795—1821）：19世纪初期英国诗人，浪漫派的主要成员。
2 阿尔弗雷德·丁尼生（1809—1892）：英国维多利亚时代著名诗人。他的诗歌准确地反映了维多利亚时代占主导地位的看法及兴趣。代表作组诗《悼念》。

生活中的琐碎细节，然而，即便是"外在礼节中的打恭作揖"，也正如翟理斯先生所称的那样深深根植于普遍的人性，即我们定义为美感的人性方面。孔子的一个弟子曾说："礼之用，和为贵，先王之道斯为美。"在经书某处又说："礼者，敬也。"现在我们看到，对一个民族的礼仪风俗的评价，应当建立在对该民族人民道德原则的知识之上是多么明显。不仅如此，对一个国家政府和政治制度的研究，那种我们认为应当置于一切研究最后阶段的工作——也必须建立在对他们的哲学原理和历史知识的理解之上。

末了，我们将从《大学》或者如外国人所称的"老生常谈经"中，引一段文字来结束全文。书中说："古之欲明明德于天下者，先治其国；欲治其国者，先齐其家；欲齐其家者，先修其身。"这，就是本文所要表达的意思。

（这篇关于中国学的文章，写作和发表在1884年上海的《字林西报》[1]上——确实是30年以前。）[2]

---

1 《字林西报》：又称《字林报》。英国在上海创办的英文报纸。以向西方介绍、评论中国的情况为主要目标，是近代关于中国的影响最大的英文报纸。1864年创刊，1951年停刊。
2 此文于1883年10月31日和11月7日分两次载于《字林西报》，辜鸿铭记忆有误。

◎《字林西报》

孔教研究之一

◎《宋本论语集注卷一》——《论语·学而》

子曰:"学而时习之,不亦说乎?有朋自远方来,不亦乐乎?人不知而不愠,不亦君子乎?"(《论语·学而》)。

孔子在这里所说的，完全是出自于一个真正有教养人的经验之谈。它表明，要想成为真正有修养的人须具有什么样的精神、什么样的品格以及什么样的心态。一个真正有修养的人，首先应对其研究的对象倾注全部的、无私的爱。而只有钟情于学，他才能明白其所学。现在人们正大肆谈论着已经声名狼藉的中国古代教育体制的缺点，可就我根据孔子的经典来看，它还是有其优点的。在古代的教育体制下，某位学生如果能有幸成为一名真正的受过教育者，那么他一定是一名君子，是一名真正具有思想修养的人。而当人们谈及引进到中国的新的教育体系和教育制度时，我心中对此表示怀疑。理雅各博士在谈到乾隆年间，预备出版带注解的、由许多鸿儒参加编纂的巨大典籍时，曾说："外国人不应小瞧中国的博学之士——中国古代学馆的鸿儒们——他们自身已证明他们对文化拥有献身精神。"可是，新的体制培养出来的或钟情于"新体制"的有知识的人——像曾参加过科举考试、荣膺过"状元"头衔的现任农贸部长张謇，他现在也是新体制的重要支持者——对文化却已完全丧失了热情，只是对铁道、采煤、探油、兑换业务，即只是对那些能带来现钞的东西怀有巨大兴趣。

中国古代的饱学之士，虽然难免有着自身的不足，但他们或多或少地都具有一些高雅的情趣。他们厌恶大型的聚会——有茶、点心及饮料在一个偌大的厅堂里举行的大型聚会。人们从没有听说过古学馆的鸿儒们在掌声四起、彩旗飘扬、面向公众、人头攒动的聚会大厅里做报告。古学馆的鸿儒们只是从其志同道合的朋友中获得快乐；这些朋友很少是精心挑选的，而是从远方慕名而来拜访的朋友。古代学馆的儒生们仰慕孔子。他们学习研究孔子，力争理解并按照他的学说去做。但他们却并不想建立孔教会，并不会自己高呼并试图使别人也一道高呼"孔子！孔子！"在古学馆的儒生们看来，儒教是一种宗教，就像一位英国绅士在回答一位太太问他皈依何种宗教时说的"所有有理性的人的宗教"。"可是，请问，这样的宗教是什么呢？"那位太太又道，绅士回答说："就是一种所有有理性的人对此达成默契、决不谈论的宗教。"

事实上，由于"新学"的引入，中国知识分子的思想已发生了巨大的变化。孔子在《礼记》中说："我听说，来与学是一种很好的享受，但从未听说过，去与教是一种很好的享受。"古学馆的学子们只希望去学习，并致力于不断使自己的学识与修养日渐深厚，臻于完美。而"新学"却希望去教导别人，只是致力于并渴望阐释所有的欲望，去宣布他们发现的"新学"、他们的体制、他们的"信仰"，他们的哲学、心理学或宗教。如果古代学馆的儒生们谈论起"Erziehung"，他们用"学问"二字，意指学习与探求。可"新学"下的学生们却改变了"Erziehung"的表达，他们称之为"教育"，意指"教与育"。例如北京政府的教育机构现在就叫做"教育部"（教与育的机构），取代了学部（学习的机构）。

人们也许要问，一个名字能造成什么样的区别？其区别在于，古代学馆的儒生们只是为了自己增长才能而学习，满足他们自己的需要，就着昏黄的油灯，三更灯火五更眠，学习和研究古代的美德与智慧，通过这种方式他们就能学到真知识，并拓展心胸。为了达到华兹华斯在《远行》中所写的"关于天、地、人"的境界。这是一位真正的博学之士应当了解和具备的知识。

可是"新学"下的学生却不效法此道，即不是三更灯火五更眠，就着油灯研习古往的智慧和美德，而是以各种各样的方式涌向电灯明亮的孔教会大厅，慷慨激昂地向人们讲述怎样建立一个完美的儒家教育体制，或者找到灯光明亮的基督教青年会聚会大厅，去做报告，向人们讲授怎样使每个人在社会公德方面像做报告的人一样臻于完美！亨利·诺曼[1]（Henry Norman）先生在他所写的关于《新的日本》一书的某章中，称日本是"一个学校中的民族（好学的民族）"。对于"新的中国"，我恐怕，人们还不能称之为一个好学的民族。孔子说，古之学者为己，今之学者为人。对于新的中国，只能说，这个民族建立了许多学校，建造了许多昂贵的校舍，但这只是为了别人受教育，

---

[1] 亨利·诺曼：生卒年不详，英国著名的远东社会与政治研究专家。著有《真正的日本人》（即《新的日本》），1890年来中国旅游考察，先后游历了中国最具代表性的地区，对中国社会、环境与政治等问题的议论具有参考价值。

而不是为了自己受教育。

英国诗人科伯（Cowper）在谈起他那个时代的某位布道士时，曾对主教充满激情地说过下列话：

哦，你们头戴圣冕，
保护教会！可你们却不把
同样有力的双手放在那些
既不能教又不愿学的人的头上。

现在在中国，如果一个人想成为改革派或是共和主义宗教的布道士，并不需要有一个头戴圣冕的主教把双手放在他的头上，这是一件幸事还是不幸呢？这就要看你怎么看待了。不过由此造成的结果是，在今日的世界上，改革派和共和主义宗教的布道士已变得良莠不齐了。好的，很好的；坏的，极坏的，还有那些不好不坏的，简直就像从北京大街上小贩那里买来的水果筐，没有头戴圣冕的好主教的概率是 10∶1，甚至 100∶1[1]。他们从事监察和领导工作——这些没有丝毫才干的人，除了肚子大和脸皮厚之外，往往是靠运气被人发现，得以出人头地。眼下，面对改革派和共和主义（即"新学"）宗教的那些胆大妄为、厚颜无耻的布道士，中国人尤为孤立无援，

---

[1] 寓意100个里面难有一个好的。

毫无办法。就我所知，贫穷的中国人直到现在，还不易预见所有的这一切意味着什么。《圣经》上说"如瞎子引导瘸子"，孟子以无可置辩的方式说："贤者以其昭昭使人昭昭，今也以其昏昏使人昭昭。"

我想在这里指出的是，中国现在毫无希望的局势，就教育而言，其原因在于今日那些新学的信徒们——那些现在已经是新学的教师或那些想成为教师的人——在此，借用英国诗人的话来说，他们之中绝大部分都是那些无能授徒也无志于学的人。

那些作为中国和中国人民真正朋友的外国人，和确实对中国的教育感兴趣的外国人应当思索一下，对中小学生或者大学生们在精神、品格和情趣方面的陶冶，要远比他们所学习的那些实用性知识更为重要。从本文开篇时我引论过的孔子《论语》一书中，你们能够发现一名儒生的真正精神，一名君子型儒生的精神。这种精神可以被这样来描述：首先，他必须对其所学怀有无私的爱心，由此他从中找到真正的乐趣；其次，他必须在与那些志同道合的朋友的交往中找到欢乐，而不是在有茶、有点心和饮料的大型聚会厅里找到快乐；再次，当人们不认识他或对他一无所知时，他不会抱怨。如果那些中国和中国人的真正的外国朋友，铭记了孔子的这些话，那么当人们恳求他们在教育事业上给以赞助时，他们就能赞助那些适合于赞助的人，赞助那些拥有真正精神的博学之士。在这个新时代的中

宋本論語集注卷一

○《宋本论语集注卷一》封面

国,所需要的不是如此那般焕然一新的新学、新宪法、新帽子或者新靴子,而是一种新的精神——真正的精神,真正的君子之道。这正如古语中所说的:

所谓道(精神),就是使万物充满生机的东西。

孔教研究之二

◎ 程灏

有子（孔子的一名弟子）说："其为人也，孝悌而好犯上者，鲜矣；不好犯上而好作乱者，未之有也。君子务本，本立而道生。孝悌也者，其为仁之本欤！"（《论语·学而》）

孔子终生强调教育教学和文化的重要性。因为孔子和培根的观点一样，培根说："专业人员只能做一些局部工作或对此加以评断。但是总体规划和对事情的设想与领导,最好由智者去做。"按照孔子的学说,教育本身并不是目的,它们和文化应为一个目的服务。一个好的学子学习并不仅仅是为了成为一个伟大的有知识的人,即使在奋发学习的过程中,伴随着他、慰藉和酬报他的欢乐与陶醉本身,也并不是主要目的。当有人引用中国的一句成语"开卷有益"时,程灏[1]——这位宋朝的大儒和严谨的孔子式的清教徒——回答说:没有方法和目的,只是为了从书中获得消遣的无计划的读书,无异于浪费时光,并且这种读书会玷污我们的灵魂。优秀的学子在研习典章过程中的唯一目的和目标应是:理解生活,探寻人生之道,由此学会我们应该怎样生活,怎样过真正的人的生活。

如果奉行孔子的教诲,像他教导的那样去进行自我修养,努力做一名好学生,那么就会在孔子弟子的言语中找到孔子学说中关于怎样生活、怎样真正地生活之真谛。要弄清我们应该怎样生活,首先我们必须对这样一个问题有个明确的概念,即我们为何而活?我们必须知道,基督教教义关于人类最主要的目标是这样表达的:"人类之根本目的,乃赞美上帝。"这样理解或许不错,但却是不确定的。在这点上,正如我们所看到的,孔子的学说非常清楚明白而不存在任何歧意。"孝悌也者,

---

[1] 程灏:宋代理学家。和其弟程颐同学于周敦颐,世称"二程",同为北宋理学的奠基者,其学说在理学发展史上占有重要地位,后为朱熹所继承和发展,世称"程朱学派"。

其为人之本欤?（人生之本为孝悌）"在我看来，这也正是孔子的学说与其他大的宗教思想体系或真正的宗教如佛教和基督教的根本区别之所在。佛教和基督教的宗旨之一，是教导人们怎样成为一个好人。而孔子的学说则更进一步，教导人们：怎样成为一个好的社会公民。佛教和基督教告诉人们，如果人们想成为一名好人，一名上帝之子，人们只需思索灵魂的状态及对上帝的义务，而不必思考现实世界。作为另一种学说的儒教认为，为了保持良好的心境，思考灵魂的状态是很有必要的，但同时还必须思考上帝把人类置于其间的人世，以根据上帝的意愿完成其功业。如果人们希望对上帝尽义务，那么同时也必须对人类尽义务，即孝悌之义务。事实上，本来意义上的宗教，如佛教和基督教是告诉人们，当人们作为公民居于斯世时，就不能成为好人。因此要想成为好人就要下决心离开现实世界，不再做一个公民。换言之，本来意义上的宗教如佛教和基督教是一种为人们谋划怎样隐迹于山林荒野，以及为那些在北戴河避暑的小屋里，不干别事，只对其灵魂之状态和对上帝之义务进行思索的人设立的宗教。孔子学说的精义却与此大相径庭。如果人们乐意，可以称之为宗教，也可以称之为道德体系，它告诉人们作为公民应如何生活，即是为那些卡莱尔说的"要纳税、付租金和有烦恼"的人所设的宗教。

一言以蔽之，人们可以称这种孔教为一种良民宗教。可是人们要说，它根本不是一种宗教。是的，它也许不是一种宗教，我承认，它不是那种戴着神圣光环的圣者的宗教。而是一种为那些纳税、付房租的平民百姓设立的宗教，因此它不是一种享乐的宗教。正因为它不是为那种狂热的圣徒而存在的，因此它也不是那些命运的宠儿的宗教，作为这种宗教的教徒，是不可能在北戴河的避暑小屋安逸地度日的。我想在这里指出的是，遵循孔教的教义准则去生活要比遵循佛教和基督教的教义要难得多。如果想成为一名好的僧侣或基督徒，只需剃度，穿上袈裟，住进寺院或到北戴河去，静思其灵魂状态和对上帝之义务就行了。可是要想成为一名好的孔教的弟子，就不仅要思索其灵魂状态和对上帝的义务，还要考虑对于人类的义务。要确实履行其责任、善行和彬彬之礼，要像对待岳母似的对待共和国总统。简而言之，儒教——孔子的学说，就是孝悌之宗教，它不是一种享乐的宗教。此外我还想指出的是，尽管儒教——孔子的学说并非是一种灵光四射、令人狂热的宗教，但它却同佛教和基督教一样，在世界上取得了同样伟大和辉煌的成就。正如博学的中国学教授罗伯特·道格拉斯[1]先生在伦敦大学所说的："尽管儒教只是一种适合于平静而不是极富冒险之精神的实用道德体系，但它却是一种无与伦比的、把亚洲大陆上的大部分居民统一于泱泱大国并使之生活在秩序与和平之中的强大力量。"

---

[1] 道格拉斯（1838—1913）：英国近代著名汉学家。曾来华任英国领事官。伦敦大学汉文教授。著有《中国的语言和文学》《非基督教的宗教体系：儒教和道教》《中国的社会》等书。

在今日中国，最令我惊奇的是，那些带着满脑子"新学"到中国去的人们，教育那些把良民宗教做为自己唯一宗教的中国百姓，怎样做一个良民，怎样在社会道德中完善自己；教育那些世界上历史文化最为悠久古老的中国百姓，怎样去治理自己的国家。对此，那位到埃及去为英国的政治家讲述应如何治理大英帝国的美国总统罗斯福是不会反对的。但事实上人们不应为此感到惊讶，因为在当今中国的所谓"思想家"，厚颜无耻和粗俗不堪，像外国人一样享有特权。可对我来说，事情滑稽的一面是——或者说最可悲的一面——随便人们怎么叫法，即"新学"里向一个国家的人民所昭示的治国之术，早在罗马帝国之前就已经不是什么新鲜玩艺了。可是这些博学之士，这些受过教育的人当中的精英，这些帝国中的精神贵族不仅提出了这种无聊的东西，而且还谨守着这种"新学"，并对之坚信不移。这些玩艺，都是些好看的装满新酒的老酒囊饭袋，就像今天人们在中国所看到的模仿欧洲人的穿着到处游荡的中国人一样。

严肃地说，在我看来，如果世界上还有令中国人民向其他民族学习的东西，那一定不是统治之术。英国有句谚语说得好："布丁的味道，只有吃了才知道。"除了古罗马，也许再加上今日的英国，从古至今，还有哪个民族在统治如此之大的国家方面取得了成功，在统治事务上取得了堪与中国人民媲美的成功呢？我所谓的统治，当然不是指什么制定宪法、召开国会、谈论政治、大声争吵之类，而指的是使整个国家处于和平与秩序之中。

中国人民在统治上取得了如此辉煌的成就。其取得成就的秘密何在？其实这秘密并不深奥，而是包含在如下一句寻常的格言中：法人而不法法[1]。换言之，中国人民之所以在统治事务上取得了巨大的成就，是因为她不是在宪法上费尽心力，而是找到了统治的根本，让中国人尽力使自己成为良民（孝悌者）。我们拥有的立法人，所有伟大的立法人不是倾力于整治法律、法规和宪法，而是依赖于他们所挑选的合适的人。中国的皇帝或君主的真正任务，在这里我想指出，并不是统治——不是忙于管理的细节，而是选拔合适的人材。首先，鼓励他们所选拔的人展示出其良好的精神与风范，并静以观之，看他们是否真正拥有良好的精神与风范。简而言之，中国统治者或君主的真正任务，是不仅要承担起培养国家公务人员的品格的责任，还要承担起培养整个民族品格的责任。事实上，中国官员的任务除了管理之外，主要是负责培养民族品格，以便使人民有一种自觉的精神而并不依赖于政府。歌德曾回答过什么是最好的统治形式，他说："最好的统治形式，是使统治变得多余的形式。"

---

[1] 有治人无治法。——原注

已故的麦嘉温[1]博士在他关于中国人工商生活的概述中说："人们所观察到的这个民族最引人注目的特点，是他们的组合能力，这也是文明人类最明显的标志之一。对他们来说，组织和联合行动非常容易。其原因是他们内在具有对于权威的尊崇和遵纪守法的本能。他们的温顺驯良并不是一个精神衰落的、被阉割者的驯良，而是源于自制的习惯，和长时间在地方、乡村或市政事务中保持自治形成的结果。对于国家，他们学会了自我依赖。若是把这个民族中最贫穷和根本没有受过教育的人带到某个荒岛之上，他们会很快将自己组成一个政治实体，就像那些生活在理性民主教育中的人们一样。"

中华民族治理国家取得如此巨大成就的秘密，即在于"法人而不法法"的原则之中。这就是他们需要的并为之全心致力的原则，教化民众，使之孝悌，而不是为宪法而费尽心机。另一方面，如麦嘉温博士谈到的，他们发展孝悌之教并取得如此辉煌成就的秘密，又在于其内心对于权威的尊崇。这种基本准则是整个教育系统的基础，是古代知识的传授和宗教即中国的良民宗教的基础。由于内心蕴含着对权威的尊崇，我们中国人一直拥有麦嘉温博士所称的"理性民主"。至少从公元纪元的汉朝开始到民国之前始终如此，如果我们在内心没有对权威的

---

[1] 麦嘉温（？—1922）：英国传教士，1860年来华，先后在上海、厦门传教。精通汉学，著有《中华帝国史》《厦门方言英汉字典》《华南写实》《华南生活杂闻》等作品。

尊崇，我们得到的就是众所周知的目前处在"无政府状态"的共和政治下、人们应称之为"非理性民主"的东西。虽然中国的统治方式始终是君主政体，但我们却从没有出现过专制。可是人们现在一致地说，中国的统治，直到今日的共和时期一直是一种独裁统治。如果一个民族拥有理性民主的精神，就像中国人民一直拥有的，那么专制就不可能存在。在中国的历史上，只出现过一次专制即秦始皇帝的暴政，他下令焚毁书籍，那时的中华民族被一种"非理性民主"精神所吞噬。事实上，这种"非理性民主"的结果——或许也是对它的治愈——乃是独裁。"非理性民主"越甚，独裁政治就愈加可怕。

我认为在中国，我们一直拥有"理性民主政体"，尽管从统治的形式上来说始终是君主统治。中华民族一直是个民主的民族。我敢说，就我所知，中国人——我在这里指的是真正的中国人，而不是人们今天在中国的大街上或政府某些机构里看到的、在打扮上仿效欧洲人的那些人或乌合之众——今天是世界上唯一的真正民主的民族。英国剑桥大学的罗斯·迪金逊[1]教授，那本著名的《中国人约翰来书》一书的编者，在他最后的一本游记中写到："我以前从没有到过这样一个国度，这里的人民是如此的自尊自立和如此的热情。比如在美国，每个人

1　罗斯·迪金逊(1862—1932)：英国学者。曾著《中国人约翰来书》，批评西方近代文明，赞赏中国文化，一举成名。书中一些观点与辜鸿铭思想颇为相似。后为剑桥大学教授，曾来华游历。

◎《来自一位中国官员的信札：西方文明的东方看法》封面[1]

---

[1] "约翰中国人信札"（《中国人约翰来书》）前四封以佚名形式刊登在英国《周六评论》上，引起了读者的好奇，紧接着又登了四封。这八封"中国人信札"于刊载当年（1901）由出版家布赖·约翰逊结集出版，封面是一位"中国人"的巨幅画像，两年后又匿名出版了美国版，书名改为《来自一位中国官员的信札：西方文明的东方看法》。

都认为有必要向你保证，他和你一样和善，可事实上他们却很粗暴地对待你。而在中国却不同，因为你能感觉到他们对你都很和善。他们没有那种个人权力的自我意识，但却不像人们在印度到处可看到的那种爬在地上的卑躬曲膝。中国人是民主主义者，从他们怎样对待自己和怎样对待同胞中就能看到，他们已经实现了民主主义者期望西方国家所达到的水平。"正因为如此，我说，中国人民今天是世界上唯一民主的民族。真正的"理性"民主主义者和"非理性"民主主义者的区别，即在于此。真正的民主主义者，他们从没有想过和你不一样，而假民主主义者在其自我意识中认识到他们确实不如你，却又企图通过维护自我意识来表明，他们和你一样好。真正的民主主义者不考虑自己的权力，而是考虑他的义务。假的民主主义者则坚持自己的权力，而不尽自己的义务。这就是理性民主与非理性民主的根本区别。

我想对那些中国和中国人民真正的朋友和那些对目前发生在这块土地上的事情怀有严肃关切的外国人说，中国的希望所在并不是袁世凯。中国的希望所在，也不是那些以舞会和茶会招待外国人的模仿欧洲的假洋人。我想告诉外国人的是，中国的希望，在于麦嘉温博士说的中国人内心那种对于权威的尊崇，在于良民宗教！尽管我们在最近的两年半中经历了急剧的动荡，有着一个除了搜刮钱财、挥霍、发布条令和不断许愿之外，其实什么也没做的政府，但是在这样一个泱泱大国里，和平与秩序仍然被人民遵循。仅此一点便令外国人大为惊异。面对这些事实，我们应该感谢的不是像许多外国人所想象的，是袁世凯的敏锐智慧或他的某位臣卒，而是中国的民众还没有丢掉他们内心对于权威的尊崇和良民宗教。简而言之，中国今日的希望不是袁世凯，而是孔子的良民宗教。在本文的开头，我引用过孔子的一位弟子的话，你们可以从中找到这种良民宗教的简明解释，并可将其要点归纳如下：首先，和平、秩序与安宁乃至国家本身的存在，不是依赖于法律和宪法，而是仰赖于中国的每个臣民都尽自己最大的努力，去过一种真正虔诚的生活，或时髦地说，一种道德的生活；其次，孝悌应作为道德生活或虔诚生活之本；再次，良民宗教的秘密是人们尽义务而不是争权利。人们不对权威表现出不信任和怀疑，而表现出对它的尊崇。孟子用一句话概括了这种良民宗教："爱其亲，畏其上，世永昌。"

那些作为中国和中国人民真正朋友的外国人，如果他们能够真正懂得孔子弟子的这段话，就能更好地理解中国诸事，而远胜于去读像白克好司和濮兰德[1]所写的关于中国的那些幼稚的书。国家之兴衰并非像白、濮两先生的书中所显示的，最终取决于仆人、随从们好的或坏的品格，即那些为皇帝或皇后们

---

[1] 濮兰德（1863—1945）：出生于爱尔兰，1883年来华，进入中国海关任总税务司录事司。1896年任上海英租界工部局秘书长，兼任《泰晤士报》驻上海记者。著有《李鸿章传》《中国：真遗憾》等书，他与巴克斯合著的《慈禧外纪》和《清室外纪》影响深远。

○《清室外纪》，濮兰德 著

擦靴、提包、撑伞的人的品格。那些力求理解孔子良民宗教的外国人将明白，中国的和平、安宁与秩序并不依赖于皇帝的仆人、皇后侍女的品格，而依赖于生活在这块国土之上的所有的人们，不论是高贵的还是卑贱的，外国的还是中国的，都应该尽自己最大的努力，去过一种虔诚的生活。即，他们的一举一动都是尽其义务而不是坚持其权利，也就是尽其良民之义务。那些作为中国和中国人民真正朋友的外国人明白这些后，就有助于阻止那些反对和破坏良民宗教的行径，像"不要脸"、放肆、粗野、卑鄙等等（少数那些乐意并能够与此作斗争的人现在正处在观望之中。因为就像我说过的，依靠这些所谓"新学、进步、自由和共和主义"的中国人，他们在中国，就像外国人处在治外法权中一样，根本不受孔教的制约），而不是忍受和鼓励此类行径。如果做到了这一点，那些作为中国和中国人民真正朋友的外国人，不仅将帮助在这块国土上重建和平与秩序，而且还能支持世界上真正的文明事业，支持真正的进步和真正的自由。因为真正的自由，正如法国人茹伯所说的，它指的不是政治上的自由而是道德上的自由；不是自由的人，而是自由的灵魂。在中国语言里对"自由"的原本叫法也是指道德的自由和灵魂的自由。中国人要是说一个民族没有自由，就说在这个民族中无"道"。"道"这个字在孔子的学说中指的是本性的法则。而本性的法则又是"天命"的体现。因此，中国人所谓的自由是一种自由的灵魂——是实现人生本质的法则。因此这种自由是道德的自由。是服从"天命"。"我欢快地漫游，因为我在寻找您的旨义。"（《旧约》）

孔教研究之三

子曰:"舜其大知也与! 舜好问而好察迩言,隐恶而扬善,执其两端,用其中于民,其斯以为舜乎!"[1]

在这里讲中国古代的舜帝的语句,人们也可以用来评论现代欧洲的两个伟大的智者——莎士比亚和歌德。莎士比亚智慧的伟大之处,在于他所有的戏剧中都没有一个本质上完全坏的人。从莎士比亚的戏剧中可以看到,像理查德国王这样一个被他的臣民想象成恶鬼的驼子,并不是一个"花脸"恶棍,他甚至不是一个真正卑鄙的坏人,相反,却是一个有着勇敢的英雄般的灵魂,被其内心强烈而失去控制的报复情绪驱使,以致做出残忍可怕之举、最终为自己带来一个悲惨结局的人。事实上,莎士比亚所有悲剧作品中的悲剧,就如同人类的现实生活一样,并非是人性中的恶所造成的悲惨结果;并非是本质上的恶棍的悲剧。这种本质上的恶棍也只能存在于那些具有龌龊智

---

[1]《中庸》是一部以《中的学说》闻名于国外的书。——原注

◎《宋本中庸章句全》

慧的小人们的想象之中。这种悲剧是令人痛惜的悲剧，是善良勇敢的、具有英雄般高贵心灵的人们受其内心失控的情绪驱动而造成的令人同情的惨痛，即，他们是被其内心失控的情绪推上了悲剧的道路，导致了悲剧的结局。这就是莎士比亚智慧的伟大之处。

如果我们透过莎士比亚的智慧，就可以看到，一个人的邪恶，不过是由于人的情绪强烈失控发展而成的。从伟大的歌德的思想中也可以看到，即使一个魔鬼也不是由火与硫黄构成的，它甚至不是一个恶鬼，而只是一个否定的灵魂，它不断地否定一切，实际上，它只是一个没有全面完善发展的本性。歌德在另外一个地方又说："我们所谓人性中的恶，不过是一种不完善的发展，一种畸形或变态——某种道德品质的缺失或不足，而不是什么绝对的恶。"由此可见，孔子在我们上面所引述的那段文字中的洞察，是多么的深刻和正确，也就是说，一种伟大智慧的真正特征，是能够在事物的本性中只见其善而不见其恶。

爱默生也说："我们评价一个人的智慧，是根据其希望的大小。"如果真是这样，那么在个人和许多民族中那称之为悲观主义的东西的流行，则是智慧不健全、欠缺或畸形变态的一种确切标志。我想在这里指出，目前在欧洲思想界和文学中，悲观主义之所以流行，完全是现代教育——那种由国家鼓励和支持的、使每个人都受到教育的必然结果。因为这种教育更多地重视教育的数量而不是教育的质量,只重视质量不高的受教育者的数量,而不重视真正受过教育者的质量。简而言之,这种更多地重视数量而不重视质量的现代教育体制的必然结果,肯定是一种不完善的半教育。这种不完善的半教育,必定使人的本性得不到完善的发展。歌德说,魔鬼,那无恶不作的幽灵的化身,不过是些本性发展不完善的东西。如此看来,目前欧洲现代半教育制度的一般产品——实际上乃是魔鬼的化身。魔鬼最显著的特性,正如我们从弥尔顿那里所得知的,其积极面表现为:高傲、狂妄、自负、野心勃勃、放肆、不服管制,根本不承认和敬畏道德法则或别的什么东西。所有这些特性你们都可以在不完善的现代教育体制的一般产品中找到,如果你碰巧遇上一个强悍的性情粗暴者的话。魔鬼本性中的消极面则表现为:卑鄙、无情、嫉妒、猜疑,以及对于人、人的本性和动机乃至通常一般事物的悲观主义。所有这些特性,你们同样可以在现代不完善的教育体制的一般产品中找到,如果你碰巧遇上一个性情软弱者的话。

当人们考虑这样一个事实,即今日世界的人类幸福和文明事业,实际上掌握在现代半教育制度的不幸产物,也就是那些具有我上述所说一切特征的人的手中——正是这些人构成了今日欧美所谓受过教育的人和统治阶层中的绝大部分。如果人们始终记住这一点,那么就不会对今日世界为什么如此的混乱而感到惊奇了。就像今天我们在欧洲见到的、正在进行的"科学残杀"，那被称之为文明产物的战争一样。导致当今一切事务陷入巨大困境之中或缺乏道德社会秩序的真正道德原因，如果人们追本溯源，将发现它正是理智的退化、不完善和衰落的产物。这种理智的退化、不完善的衰落，又是现代由国家支持的然而却是错误的教育体制，或更确切地说不完美教育体制，即过分地重视教育数量而不求教育质量的必然结果。如果要重建世界上真正的道德社会秩序，就必须从根本上改革由国家支持的现代错误的教育体制。一言以蔽之，在国家的教育体制上，应采取像古代我们中国人和明治维新时期日本人所采取的名曰"养士"和"造士"的那样一种国家教育体制。

（本文有删减）

孔教研究之四

子曰人皆曰予知驅而納諸罟擭陷阱之中而莫之知辟也人皆曰予知擇乎中庸而不能期月守也

予知之知去聲罟音古擭胡化反阱才性反辟避同期居之反。罟網也擭機檻也陷阱坑坎也皆所以揜取禽獸者也擇乎中庸辨別眾理以求所謂中庸即上章好問用中之事也期月匝一月也言知禍而不知辟以況能擇而不能守皆不得為知也

右第七章

承上章大知而言又舉不明之端以起下章也

子曰回之為人也擇乎中庸得一善則拳拳服膺而弗失之矣

◎《中庸》第六章

子曰:"人皆曰'予知',驱而纳诸罟擭陷阱之中,而莫之知辟也。人皆曰'予知',择乎中庸,而不能期月守也。"[1]

本书作者在前一章里曾指出,世界上的无政府状态和缺乏社会道德秩序,是由于人类智慧的缺欠和不健全造成的,并引用了孔子的一段话,说明伟大的完整而健全的智慧之真正特征。在本章里,他又引用了孔子的另一段话来说明,这些所谓的智者们在私人和公共事务中毫无教养、惊慌失措的举止,表现了他们这种不完善精神的自负与无用。他们是这样惊慌失措,就仿佛落入一个罗网、圈套或陷阱之中,人的这种失控的情绪有时会把他自己的生命或这个世界推向这样的混乱之中。

当某个人的事情陷入无序和混乱时,自然而然,他脑中或心中首先想到的,是如何从中解脱出来,摆脱困境,走出僵局;在摆脱困境、走出当下僵局的渴望和激动之中,人们往往被诱入去考虑这种、那种或某些聪明的逃避或诡计,尤其当他是一个聪明人的时候,更是如此。但是,这种诡计非但不能将其从困境或僵局中解脱出来,反而只能将其带入更大的困境或僵局之中。正是由于这个原因,我们常常看到今天当某个民族或者世界事务陷入困境或僵局时,总有一些自以为聪明的人,那些博学、勤劳而难以理解的人出来提出他们的改革方案,提出诸如立法机构、征税、采纳金本位制等聪明的计策;更有野

---

[1] 《中庸》第七章。——原注(原注疑为作者误注,此处应为第六章。)

心勃勃者，甚至提出教育、玄学和数学的方法，宪法的几何样式等等花招。最令人惊奇和不可思议的，还有那种以新式的算术法则教育人们怎样不施骗术就可以占其父母兄弟便宜的所谓政治经济学。但是，所有这些智者的无知，正是由于他们的聪明和博学所致；他们对这样一个简单的事实视而不见，即，你若想要一个人在改革他陷入困局的事务中获得成功，就必须明确首先要告诉他如何改革其用以推行这种改革的手段——也就是他的人本身。如果那个人的自我状况，他的品德和行为、他的情感思想方式及其生活行为方式，均处于不需要改革的状态，那么他的事务也就不会陷入困局之中。但如果他的自我状况实在需要改良，那么他的事务状况也就可想而知了。在这种时候，很明显，你教他复杂的方法或任何处理有关其事务的办法，都将无济于事。事实上，只有当那个事务陷入困局的人调整好和改良好自身——他的自我——那个可怜的人才会处在适宜的状态之中，否则，不用说推行关于他事务的那些美妙聪明的改革计划，即便了解其处于困局的事务之真实确切的状态，以便能够运用改革计划产生任何好的效果也不可能。

换言之，在一个民族中，某人或众人推行任何关于其自身事务的改革计划之前，都必须首先着手改革其自我与自身。简而言之，道德改革必须置于所有其他的改革之前。

因此，无疑的，对于个人、民族乃至世界来说，当事务陷入僵局和困境之时，只有一条正确的摆脱之路，那条路是如此的简单,正如孔子所说的,自以为聪明的所谓智者竟然视而不见是多么的令人惊讶!事实上,那条路,用简明的话说就是:恢复你性情的平和状态、保持你判断的冷静公正;恢复你真实的自我,或用孔子的话说,致中和(找到你道德本性的中心线索和平衡状态)。

因此,道德改革的意思,简单地说,就是恢复其真实的自我。当一个人或一个民族的事务陷入僵局和困境之中时,一旦其恢复了性情的平和与判断的冷静——一旦恢复到其真实的自我状态——那时也只有到那时,该人或民族才能了解到其事务的真实确切的状态。而只有了解到其事务所处的真实确切的状态,他或他们才知道采取与事态相吻合的行为路线以便使其恢复正常——恢复到其天然和谐的本然状态之中去。实际上,也就是去做人们称之为符合道义的事情。当一个人把握住了其真实的自我,使他能够看到并去做符合道义的事情,那么,不仅那个人和事物,而且整个的宇宙,那被同样的道德秩序统治,被同样的事物秩序和体系统治的宇宙,都将为之响应和顺从;并且关于和围绕着这样一个人的一切事情,也都会立刻再次恢复到和谐与无限广阔的秩序中去。

孔教研究之五

回孔子弟子顏淵名拳拳奉持之貌
服猶著也膺胷也奉持而著之心胷
之閒言能守也顏子蓋真知之故能
擇能守如此行之所以無過不及
而道之所以明也

右第八章

子曰天下國家可均也爵祿可辭也白
刃可蹈也中庸不可能也

均平治也三者亦知仁勇之事天下
之至難也然不必其合於中庸則質
之近似者皆能以力爲之若中庸則
雖不必皆如三者之難然非義精仁
熟而無一毫人欲之私者不能及也
三者難而易中庸易而難此民之所
以鮮能也

右第九章

◎《中庸》第八章

子曰："天下国家可均也，爵禄可辞也，白刃可蹈也，中庸不可能也。"[1]

本书作者在上章中描述了那种伟大精神的特征，指出了那种半吊子智者（half intellect）的自负与无用，以及虚伪的古希腊人文主义的特征；在分析希伯来主义一种类型的这一章，我又引述了孔子的另一段话，以此来指出虚伪的希伯来主义的特点，即损害和摧残由于在道德方面与情感或宗教方面人类本性失去的平衡。世界宗教史以其禁欲主义和宗教狂热主义的宣言证明，孔子在这里所抓住的虚伪的希伯来主义或人性在道德、情感及宗教方面平衡的丧失是多么准确。

歌德说："宗教的虔诚（Frommigkeit）并不是最终目的，而只是一种手段，即通过最大程度的心宁、实现文明或人类完美之最高境界的手段。"歌德在这里所谈到的宗教虔诚，那种基督教和佛教所谆谆教诲的至德，也同样是日本武士道所主张的道德，即：自我克制、自我牺牲、勇敢、面对痛苦或死亡毫无惧色。这些日本武士道所坚执的品德，也不是最终目标，而只是达到这种目的的手段。的确，正如马太·阿诺德所说的："基督教并不是一套僵死、整齐方正的行为规范的汇集，而是一种性情，某种心灵的状态。"或许更为确切的说法是：基督教、佛教乃至于武士道，都只是一种风纪训练，一种人类性情

---

[1]《中庸》第九章。——原注（原注疑为作者误注，此处应为第八章。）

和精神的教育方法。这种风纪训练由某些品德的训练组成。在基督教和佛教中表现为虔诚，而在武士道中，则表现为自我牺牲和勇敢。这些品德的训练，正如歌德说的，并不是最终目的，而只是一种使个人或民族能够培养出其精神和性情完美状态的手段，借此完美的精神和性情，从而达到人类完美的最高境界，对于一个民族来说，这种最高境界也就是最为文明的境界。

然而，这种对品德的修炼过了头，或者说被以一种抵触和危害其最终目的的方式贯彻着。这样的话，此种训练不是在培养人完美的性情和精神状态，而是在摧残和损害它。这样一种训练不是一种有益的而是有害的训练。举例来说，那种自我克制的训练，当其被滥用、就像古代的斯多葛派禁欲主义者那样被一种仇视和怀疑精神所左右；或者像早期基督徒和现代神圣同盟军被一种好斗的盛气凌人的思想所控制时，也是如此。从一种宇宙秩序和角度来评判，这已不再是一种德而是一种恶——一种罪；因为它不是去增进而是去损害性情和精神的和谐与美妙，并借此严重地危害人类完善的事业和世上真正的文明。同样，那种日本武士道所主张的勇敢或面对痛苦与死亡无所畏惧的品德训练，当其在滥用或被一种仇视与怀疑精神中进行，就会变成狂热或道德疯狂，从而不再是一种德，而是一种罪、一种恶，这样一种训练也不再是真正的武士道训练。

◎《赖政鹤退治图》，高嵩谷。（浮世绘里的武士道）

事实上，罗斯金说得非常正确，一个真正士兵的职责不是杀人而是被杀，但士兵却不能不负责任地放弃生命。他必须且只能是为一个目的，一个真正的目的，即成为一个真正的士兵而去捐躯。那么，这个目的是什么呢？以至于富有道德的人去当兵？毛奇[1]，那个最伟大的现代欧洲思想家，还有中国那个最伟大的战略家孙武子都一致认为，真正的战略和战术在于以尽可能少的杀伤赢得胜利。这种较少的杀伤不仅是对己方而言，

---

1 赫尔穆特·卡尔·贝恩哈特·冯·毛奇（1800—1891）：又称老毛奇。普鲁士元帅和德意志帝国总参谋长，德国著名军事家、军事理论家。1818年毕业于哥本哈根皇家军校，进丹麦军队服役。

◎ 毛奇

也是对敌方而言。相反，通过使对方不必要的伤亡来获取胜利则是糟糕的战术和下下之策。我们现在明白了一个君子当兵打仗的真正目的。最伟大的军事家告诉我们：在战役中人们所追求的目标，应是不战而屈人之兵。同理，战争的真正目的是缴械：解除夷人的武装，解除那些丧失理性的、暴虐的、荷枪实弹的危险疯子的武装，解除由诸如此类疯子所组成的、危害和破坏道德、公共秩序或社会秩序，乃至全世界文明事业的民族的武装。一个真正的士兵的荣誉不在于杀敌，而在于他为解除危险的、荷枪实弹的疯子武装的过程中愿意去献身。正因为如此，一个真正的士兵去打仗、去从事解除危险疯子的武装行动时，他所具有的性情和精神状态不是愤恨、蔑视或狂喜，而是由于一种义不容辞的责任所产生的悲哀和无限的悯惜之情。当一个真正的士兵在试图解除危险疯子的武装过程中被打死时，他心中没有充满对敌人的怨恨，蔑视和复仇之念，而有的只是一种平静满意的神情，因为他尽到了自己的责任，做了他整个的天性（自我）所告之于他的正确的事情。所以，那种真正的武士道训练，靠的不是使人的身心对死亡的痛楚和畏惧丧失感觉，而靠的是调节那愤怒、憎恨和报复的本能冲动，使这些冲动的情欲受到遏制，让它们不能扰乱人的性情与精神状态之平静与平衡。

一名真正的士兵去参战并战死时所具有的那种精神、性情和心灵状态，在戈登将军的生与死中能够见得最为分明。戈登将军的生与死是现代武士道最真实的典范。我说过武士道是一种教化人使其能够达到完美境界的精神、性情和心灵状态的风纪训练，在此我补充一点，一个真正的士兵活着的时候的生活，便是一种受约束的、特别是对他自己来说是一种受约束的风纪训练。而他在一场必要的战争中死去，则是为了他的国家和世界的一种风纪修炼。戈登将军在喀土穆面对死亡时所具有的那种精神、性情和心灵状态，正如他在临终日记中所显露的，已接近于这个世上人类精神与性情训练所能达到的风纪至境，即歌德称之为圣哀之极的殉难风纪。卡莱尔说："你能像古希腊人泽罗教导的那样，不惧苦难踏上人间大地，那还是微不足道的，当你受尽了它给你的苦难，甚至正是因为遭受了它的苦难，你还能够爱它，那才是至上之境。为此，需要一个比泽罗更加伟大的天使降临世间，现在，这样的伟大天使已被派来。"

我在上文中已经努力说明的那种道德，是一种作为道德教育和宗教教化的目标，不是这种、那种或任何其他特定品德的训练。道德教育的目标是促进和造就某种性情、精神和心灵的状态。正如所有伟大的宗教体系一样，基督教的本质和力量，并不存在于任何特定的教条乃至金科玉律之中，也不存在于后来人们归纳成体系并名之为基督教的理论汇编、宗教戒律之中。基督教的本质与力量，存在于基督为之生为之死的那种完美的性情、精神和灵魂状态之中。在孟子时代的中国，有两个著名的贤人伯夷和叔齐，他们生活在乱世，处在以文明为借口而起的战争的环境，为了维护自己的节操，他们拒绝同流合污，宁愿饿死在荒凉的山脚之下。孟子在谈起这两个贤人时说："故闻伯夷之风者，顽夫廉，懦夫有立志。"

我曾说过，道德教育的目标，不是这种、那种或其他任何特定品德的实践，而是促进和造就某种性情、精神和心灵的状态。然而促进和造就完美性情、精神和心灵状态的途径只有一条：那就是将其置于世上那些伟大的创教者那样的宗教天才的影响之下，学习和理解他的生活、行为与诫条，乃至他的情感和思维方式：即他的性情，精神和心灵的状态，实际上就是我们中国人所谓的"道"——他的生存或生活方式。因此，我斗胆地指出，那种道德教育的目标，存在于《新约》里面的这样一句话中："向我学习，因为我性情温和、内心谦恭，这样你就能发现灵魂的安宁。"或者像《论语》中所说的那句"夫子温、良、恭、俭、让"。当这样的句子被学者们恰当地理解和领会时，它对于其道德品格、性情、精神和灵魂状态的培养，将远远胜过东京和柏林最有造诣、最为博学的教授能够制定和希望制定的那套关于公德与私德之最精确刻板、整齐方正的规则。马太·阿诺德说："想象那些以正确科学化的语言，或排除了旧式错误的新式花言巧语来表述的行为与道德劝诫准则，能够收到同我们已经长期习惯、情感与喜好已为之系统的旧式准则和劝诫所能收到的同样效果，那是一种错误。可迂腐的学究却总是这样想象。这类错误已是司空见惯。它只是表明我们之中还有多少人身上充满着迂腐之气。关于道德准则的正确科学化的表述，对于人类的大多数来说，丝毫也没有取得过成效。指望一种新式的花言巧语的表述，能够像基督教（或中国的圣书）那旧式熟悉的表述那样吸引人心和激发想象，能拥有那些表述所具有的效果，除非当这种表述出自一个宗教天才之口，能够等同于旧式的表述时方才可能。可以断言，以一种新式的花言巧语的表述来传达必要的东西是做不到的。奥古斯特·科母德极端的迂腐，正体现在他自以为能做到这一点的虚浮的想象之中。他的弟子们的迂腐，则取决于他们对其师虚浮想象的承袭程度。"

君子之教

一个读过我这本小册子中上一篇文章的外国人对我说:"目前,腐败正瓦解着中国政府,你怎么能写这样的文章,去为贪污腐化辩解呢?"在回答他时,我说:"我从来没有为贪污辩解过。""可是,"他说:"你说过,贪污并非不道德。"我答道:"是的。我是说过贪污并非不道德。但你必须弄懂我说这话的真正含义。"道德并不意味着要人们去做像某个在中国政府机关供职的外国人那样的伪君子(prig),他拿着巨额高薪,却傲慢地声言是在为中国尽责。当有人问他何以不让他的孩子学汉语时,他则回答说:"我对中国人不感兴趣,因为他们个个都贪污。一旦我挣够钞票能回家舒服地过日子,我就立马离开中国。"在我看来,不道德就是不人道的、没有人性的,用我们中国人的话来说,就是"不仁"。现在,一个自私的外国伪君子以为他没有贪污,所以便非常"道德"。他从未听基督说过这样的话:"这是你应该做的,而不能留给别人去做。"因而也就缺乏那种"上帝赐予的人类情感",那种感恩之情、同情之心和仁爱之念。然而贪污，它意味着失信，好比一个法官或警察受贿，尽管不能称之为不道德，却是不名誉的、丧失了廉耻的（dishonourable）。"那么，"我的朋友问："在不道德和不名誉（无耻）之间有什么区别呢？"我回答说：区别在于，当一个人不道德时，中文称作"不仁"，他们是不人道的（inhuman），丧失了人性——变成了罗斯金所说的鼠豕；而另一方面，当一个人不名誉和无耻之时，中文称之为"不义"，他虽然是一个人，却不是一个君子。正因为这个缘故，我们中国人将廉耻之义称之为"君子之道"。

孟子说：世上之人有必要分为两类：君子和小人。小人劳力，君子劳心，"无小人无以养，无君子无以治。"现在在俄国，饮香槟的君子使得小人——那贫苦的农民们（mujiks）成为了鼠豕，因此他们现在在俄国"无以养"（没有东西吃）。而在中国，那些带来"新学"的"Democrazy"（民主狂）[1]则毁掉了君子，因此在现在的中国，我们是"无以治"（缺乏真正的治理）。

外国人和外国报纸大肆攻击目前这个共和国臭名昭著的贪污腐化。现任司法总长就刚刚被曝光。可是，外国人知道谁该对中国这种自共和国建立以来就一直存在、现在已威胁到政府

---

[1] 辜鸿铭玩拆字把戏，将"Democracy"（民主）拆成两半，并将"Cracy"写成"Crazy"，"Crazy"是疯狂、愚蠢之意，"Demo"则是"民主主义者"之意。

存亡的猕獍的贪污腐化负责吗?

为了回答这个问题,让我在此引用一段我在《中国牛津运动故事》一书的再版引论[1]中所说过的话。在(辛亥)革命之初,我引录一个法国作家的话说:"一切文明和统治赖以存在的最终基础,是民众普遍具有廉耻感和在公共事务中秉义而行。"我预言(袁氏)共和国在中国必将失败。何以见得呢?我说:"因为共和国在中国要想成功,那个成为政府最高首脑的人必须拥有卓越的品格,能够触发全民族的想象并博得他们的尊敬。但袁世凯的所作所为,不仅表明他尚不具备一般人的廉耻感和责任感,甚且连小偷与赌徒的品格也不如。记得袁世凯受命捍卫大清之时,他奉令出了山。可他却不是像一个有廉耻的人那样去恪尽职守,而是首先恭顺地屈从于革命党,然后百般狡计、费尽心机地破坏其军队对朝廷的忠心,拥兵自重,逼迫皇帝退位,最终得以成为共和国的总统。一个具有起码常识的人,怎么能够接受这种行为所得来的名分呢?

"外国人欣赏袁世凯,认为他是一个挽救了中国时局而又避免了流血的政治家。殊不知他只不过为了眼前一时推迟了必要的少量流血,而将可怕的混乱和更大的流血留给了未来。的确,如果我上述说明不错,那么袁世凯的所作所为比人类流血还要更坏万分——他不仅破坏了中华民族的廉耻和责任感(名

---

[1] 指再版此书时辜鸿铭自己加进的一篇题为"雅各宾中国"的文章。

分观念），而且破坏了中国政教和中华民族的文明。

那么什么是中国政教呢？在我看来，中国的政教就是君子之教。这种君子之教的大法称之为廉耻和责任大法——用中国话来说，就是名分大义。——忠诚之教。此种忠诚之教何以称之为大法呢？（且待我慢慢道来）我说过，贪污是不名誉的、无耻的，它意味着失信。一个家中的"仆人"贪污，或一个掮客漫天索价，乃至一个警察受贿，相对说来还只是一个小失信；如若一个君子对他的君王不忠，就好比在欧洲一个官员违背了他的誓约一样，在中国被认为是一种大失信——实际上是信义与廉耻丧尽。因此之故，我说忠诚之教称之为"大义"——名誉（廉耻）大法。换言之，这种忠诚之教之所以称之为大法，是因为，正是基于这一大法——这种廉耻大规范，中国的普通人，甚至商人和一般苦力也具有高度的名誉感。从而使得外国人赞叹说："中国人的话就像契约一样可靠。"事实上，正如我在文章中将"孝"称之为中国社会之爱的根源一样，这一大法，这种忠诚之教在中国，是廉耻之本，用罗斯金的话来说，是社会秩序的基础。简而言之，中国的政教，中国社会秩序的基础在于这两个汉字："忠"和"孝"。更确切地说，这一大法是宪法，是国家的道德宪法，我曾把它称之为中国的良民宗教。

也是因为这一缘故，我一而再、再而三地说，袁世凯不可饶恕的大罪，就是对这一大法——中国忠诚之教的破坏。如今，这一大法、这种名分已经被毁坏了，无怪乎中国上至督军、北京的督军和大僚，下自上海人家中的仆人、伙夫和苦力们，人人都兴高采烈地操使着"贪污"（to squeeze）这一动词，——"我能贪污，你能贪污，他能贪污；我们能贪污，你们能贪污，他们能贪污！"

发狂而愚蠢的共和佬现在奢谈什么法律和宪法。但没有君子法，没有廉耻感，你怎么能相信那些人能够忠实于宪法呢？正如我对唐绍仪[1]所说的："你们破坏了道德宪法，破坏了一个君子至高无上的名誉，谁还相信你会忠实于那些秽纸的宪法呢？"简而言之，法律和宪法，只能对那些具有耻廉标准并对之坚贞不渝的君子发挥作用，也只有那些君子，才能使法律和宪法付诸实施。

在此，我想讲一件事，以说明目前中国的总统在消除贪污腐化方面何以如此无能。日俄战争期间，已故的张之洞阁下正在南京的两江总督任上[2]。一个德国洋行老板带着他的买办，来

---

1 唐绍仪（1862—1938）：字少川，广东广州府香山县（今珠海唐家湾镇唐家村）人，清末民初政治活动家、外交家，曾任北洋大学（现天津大学）、山东大学校长。历任驻朝鲜汉城领事、驻朝鲜总领事、全国铁路总公司督办、税务处会办大臣、邮传部左侍郎，并出任全权大臣与英国谈判西藏主权。清末为南北议和北方代表，民国时出任第一任内阁总理。为中国主权、外交权益及推进民主共和做出了重要贡献。

2 可能辜鸿铭记忆有误。张之洞署理两江总督是在1902年11月，时间很短就折回湖广总督原任。日俄战争时期两江总督是端方。其间，张之洞是否有过短暂署理，史书无记载。

◎ 唐绍仪

拜访我的老朋友梁敦彦[1]先生，他们起身告辞时，那个买办把梁先生拉到一边，塞给他一张一千元的支票，并称之为见面礼（a look see face cumshaw）。对此，梁先生擦怂一巴掌。我在上海听说了此事。在那里，这件事被外国人捅了出去并被当成大笑话谈论着。我回到南京问梁先生这是否属实，并告诉他在上海，人人都认为他是一个他妈的傻瓜蛋。他说："是的，老辜，我们是他妈的穷光蛋，但如果我拿了那钱，那么当我想对那些外国人说'他妈的，你们这些混帐东西'时，当我想以这种话来吓唬他们时，就会'不响'不灵了。"——因此，中国总统反对贪污腐化如此无能的原因，正在于他自身破坏了忠诚大法，那种中国的道德宪法。他不可能有勇气去对他那些公然贪污腐化的同伴说"他妈的，你们这些混帐东西！"即便说了，也恰如我的朋友梁先生所言，他以这种语相吓唬是"不响"不灵、无济于事的。

不仅如此，如果没有这种大法——中国的忠诚之教，甚至于家里的仆从们也会起而伤风败俗，干尽坏事。为了说明这一点，我打算从中国的大学者纪昀所著的《阅微草堂笔记》一书中，译出一篇故事来。它讲的是，有某个高官，家

---

[1] 梁敦彦（1857—1924）：广东广州府顺德县人。第一批留美幼童。1878年考入耶鲁大学，获名誉博士学位。1904年任汉阳、天津海关道。1907年起，任清外务部右侍郎、会办大臣兼尚书等职。是顺德最后一位尚书。1914年任北京政府交通部总长。梁敦彦推荐詹天佑修建中国第一条自主设计的铁路，还力促清华大学的创办。他还是欧美同学会创始人之一。

◎ 梁敦彦

中有一个伶俐乖巧、颇受信赖的男仆，因为贪污受贿，被他打死。后来，这个男仆的灵魂附体在家中另一个疯狂的女仆身上。当主人发现了并要处罚她的时候，她同主人理论说："我贪污受贿该死，但我的主人，你却没有权力将我处死。你身为高官，从皇上那儿领取大笔俸银，同样，我作为仆人从你那儿获取一点好处。你卖官鬻爵获利百万，我只利用方便弄点小钱——在我俩的受贿之间，又有何区别呢？你颐指气使、随意定谳，而又道貌岸然、装腔作势，其实你我之间的恶行有何不同？既然你自己已破坏了对于皇上的忠心，又怎么能谴责我对你的失忠呢？所以我说，主人，你没有权力把我处死。"

基督使徒詹姆斯说："纯粹的宗教生活和在上帝与牧师面前的纯洁，是当孤儿和寡妇处于不幸之中时，去抚慰他们，同时洁身自好，不被尘世所玷污。"抚慰孤寡，是社会之爱，洁身自好，不为尘世所污则是廉耻。我再重申一遍，在中国的政教中，社会之爱的根本是对父母的孝，廉耻和名誉的根本，则是对皇帝的忠。伟大的中国政治家诸葛亮说："进思尽忠，退思补过。"译成英语就是：When in office, think how to be absolutely loyal to the Emperor and out of office, think how to live without blame.（当你在位做官的时候，要考虑如何绝对地效忠；而当你离职退休的时候，则要考虑如何过一种没有过错的生活。）或者像基督使徒所说的那样，"洁身自好，不被尘世所玷污"。这，——就是我想让那些大谈中国的达官们贪污腐化的外国人知道的——中国君子之教。

最后，在结束本文之前，我想顺便谈一谈我的一点经历，以便让当今日本那些高谈政治科学、宪法和普选权的政治家们记住，中国的这种君子之教，也是日本的君子之教。——我在武昌做张之洞总督阁下的幕僚时，我已故的日本妻子[1]促使我开了一所免费学校，专门供那些贫穷的街坊邻居的孩子们上学。

1　辜鸿铭的日本妻子名叫吉田贞子，日本大阪人，深得辜鸿铭宠爱。

在新年和每个节日之前,她都要为学校里最穷的孩子制作新衣。格雷齐的罗马天主教圣母谈起她的孩子们时爱说:"这些是我的宝贝。"同样,我的妻子则喜欢指着那些穿上新衣的穷孩子对她的朋友们说:"这些是我的花朵!"我在总督手下干了十七年没有晋级,因为,正如总督笑着对我说的:我从来没有要求过,而——总督,又实在太忙了,没顾上考虑此事!然而最终,晋升到来了。通过一个特别御令,我被赐予外务部部郎的实衔,并被指令为上海黄浦浚治局的督办,月薪800两。当这种好运到来之际,我的妻子卧床不起。临终前三天,她把那些穷孩子、她的"花朵"们叫到身边,指着他们对我说:"我死后,你要记住我的话:——当你富裕之时,想想这些贫苦的孩子;当你高升之日,想想你的责任。"

(本文有删减)

古育之美

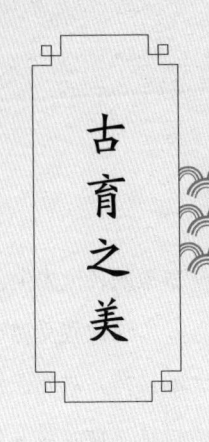

以典籍精髓，向美而行，以美育人

何谓文化教养[1]

尊敬的各位先生,女士们:

这次我受邀请到贵国演讲以来,受到了各方面的亲切友好的接待,对此,我对大东文化协会表示感谢。今晚我的演讲题目是"什么是文化教养",此外还要讲讲加强修养的方法,最后还将讲到为什么必须提高文化修养。

为了使诸君便于理解我的演讲,我尽量将我所讲的问题简单明了一些,同时,我也向诸君介绍一下我是什么人,如果诸位根本不知道我是怎样一个人,当然也就不能充分理解我所讲的一切。

诸位大概不了解,在中国我是不为我的同胞重视的,至于我是什么样的人,由于他们持有错误的看法,都很轻视我。即使是在革命以前,中国也没有重用我。所以会如此,是因为我有一个缺点,下面就给诸位谈谈我的这些缺陷。

---

[1] 辜鸿铭于1924年10月14日在日本大东文化协会上的演讲。

东洋人被称为讲究礼仪的人种。实际上谦恭礼让，无论是在东洋还是西洋都是为人们所承认的，只是东洋人比西方更要注意而已。

我因为在欧罗巴度过了自己的青年时代，因此，我对东洋人的礼仪就不太熟悉，如果按日本的说法，我就是比较"粗野"的人了。意大利的大艺术家达·芬奇曾用拉丁语评价自己说："Defuit una mihi sgrnmetria prisca."

这话翻译过来就是："对我自已来说，我欠缺了一件东西，那就是古代的礼仪。"这位意大利艺术家所讲的话也适合我现在的情况。

今天晚上给富有教养、讲究礼仪的诸位演讲，我有些担心，我怕我的粗鲁的言词会引起诸位的不快。因此，如果我有些用语不符合诸君所讲究的礼仪，就请多多海涵了。

再讲一下，在革命前的中国，受过教育的绅士，按日本的说法，认为我是"蛮党"，因而不重用我。但是现在我的同胞，也就是新中国人还是不能用我。所以如此，主要是因为他们不知道我的为人，他们不仅认为我是非常保守的，而且是非常反动的。说我辜鸿铭是旧中国的人物。其实新中国的这些人对我的评价是完全错误的，我并非如他们所说带有旧中国的风气。希望今天在座的诸位能充分理解这一点。

关于今天的这个题目，为了诸位的理解方便，我介绍几位中国最早受过欧洲教育的人，然后再讲一下研究英、德、法、意四门语言的问题,并稍稍讲讲对拉丁语、希腊语这两门古代语言的学习。

下面,我们进入"教养是什么"这个问题。简而言之,所谓教养就是有知识。然而,这知识是什么样的知识呢?换言之,为了有教养,我们应知道些什么呢?著名的英国批评家马太·阿诺德说:了解自己,了解世界就是教养。但是,单就世界而论,世界上的知识有多种,哪一种知识才能提高自己的教养呢?即便是小学生也知道世界上有五个大洲。但显然,仅知道这点是不够的,为了提高自己的教养,不仅要了解世界的地理,还要精通世界历史。不光知道报纸上刊载的世界的现状,还要知道世界的过去。而且,仅仅如此还远不够。像孔子所著的《论语》《大学》,等等,表明有教养的人拥有的知识不是暧昧模糊的知识,而是系统的、科学的知识,它是通过"格物"而得到的知识。所谓"格物致知"的"物"即是与存在相关的,脉络整然的科学知识,"物"在汉语中的意思,不仅仅是物质性的事物,它含有物质、精神两方面的内容。也就是说大凡存在的一切就是"物","物"也就是存在。比如孔子就曾说"不诚无物",这句话翻译过来就是"没有诚意,就没有存在"。

因此,所谓真正的教养,就是指对世界即对存在着的一切拥有系统的、科学的知识。下面涉及的问题是:"存在究竟是什么?"我们中国人把存在,即存在于宇宙之间的万物分为三大类:天、地、人。如果借用英国诗人华兹华斯的话,就是

◎《礼记》释文（宋淳熙四年抚州公使库刻本）

"神、自然、人生"。但如果其含义仅仅指天空、地壳、人类，那就毫无意义了。我认为中国的"天、地、人"同华兹华斯的"神、自然、人生"是相应的。为此，我引用《礼记》上的三句美妙的语言，即"天不爱其道，地不爱其宝，人不爱其情"。由此，我们就能领会到天、地、人之间的真正区别，它并非是芜杂的、没有意义地简单地将天、地、人区分。因此，根据中国哲学，存在着的万物可分为"天、地、人"，即"神、自然、人生"三大类。真正有教养的学者，依中国人的立场，就必须透彻地领会"神、自然、人生"。所谓"儒者通天地人"，就是说真正的教养，乃是充分地理解神、自然、人生。如果按西洋的说法就是，假如不具备真正的、宗教的、历史的、科学的知识，就不能算作是一个学者。总而言之，真正的教养，即文化教养就是有关存在的脉络整然的科学知识。而存在则由"神、自然、人生"三大部分组成。

下面进入今晚演讲的第二个问题，怎样才能提高个人的教养。在讲这个问题之前，我打算指出中国文学和拥有真正的教养内涵的古今西方文学之间有一个大的不同点。西方文学给人们以神、自然、人生三方面的科学知识，用现代的语言来说就是给人们宗教、历史、科学的知识。然而中国文学比如孔子的书，就像已经建成的房子那样，而西方古今文学如还在建筑之中的房子。已经建成的房子由一些必要的建筑材料构成，而正在建筑当中的房子只是由必要的建筑场地和框架构成。关于框

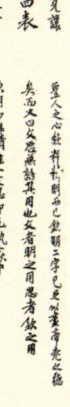

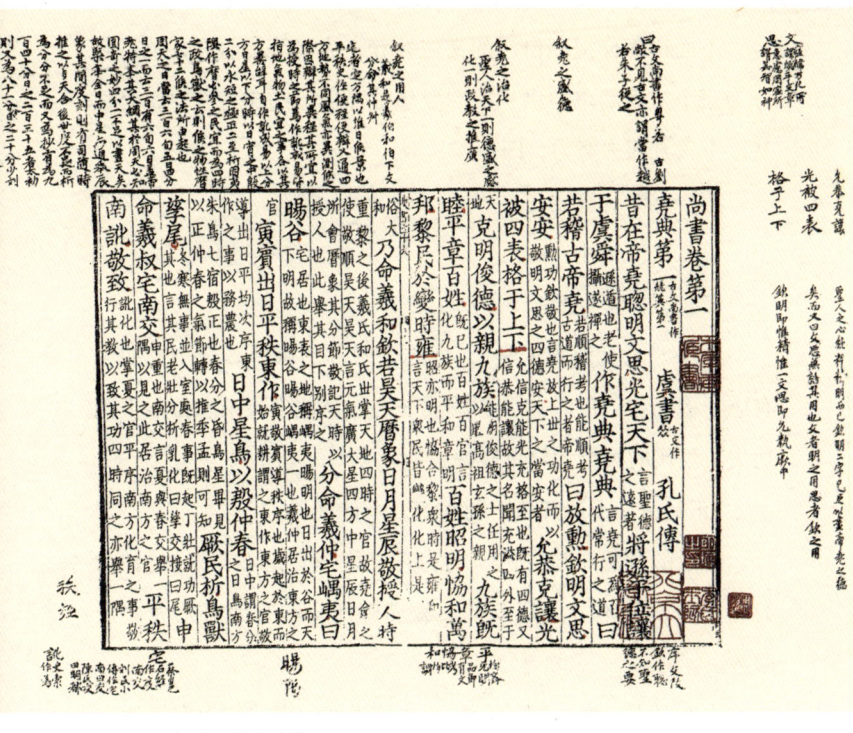

○ 宋刻本《尚书》

架方面的知识,作个比方,宗教就是关于神的学问,像哲学、神学之类。科学就是关于自然方面的知识,由数学那一类的东西构成,我们把这些称为"器物之学"。而在中国文学里,诸如神学、哲学、数学那样的东西几乎没有。

下面讲怎样提高自己的文化教养,为了节省时间,我把它分为三个方面简单地讲一下。要想提高自己的文化教养,必须从以下三方面去努力,即:

第一,清心寡欲;

第二,谦恭礼让;

第三,朴素生活。

孔子"十五而志于学",即志于教养的修得。一个人如果有志于提高自己的教养,那就要一心一意地排除杂念,狠下苦功夫。汉代的某位大学者曾说:

"正其谊,不计其功;明其道,不计其利。"

这话的意思是这样的,为穷正义之理,是不考虑效果的,为明正道,是不考虑利益的。教养即所学的东西必须为大众服务。

比如军人,为本国的名誉而战是当然的事,作为宰相就应为本国的民众谋福利。修身养性的人除了一心一意考虑教养问题之外是不能有任何杂念的,孔子说"有教无类",即不考虑教养以外的东西。这就是上述清心的含义。

真正有修身养性之志的人,现在很少。这主要是人们认为修身养性是件容易的事。然而我认为这不仅不是件容易的事，而应是件非常难的事。孔子在《大学》里说"止于至善"，而前述的英国批评家阿诺德也认为，"教养发源于对至善的爱"。我所说的教养，包含各方面的内容。由此可知教养的修得是难而又难的事。如果知道了这个，我们就会变得谦虚。德国的大诗人歌德曾歌云：

Das wenige verschwinder gloich dem Blick,

Der vorwarts sieht,

Wie vielnoh uebrig bleibt.

其中的意思是，"把我们现在已做完的事同我们将来必须要干的事相比较，不由得感到一阵空虚，在茫茫的宇宙面前，人太渺小了。"

《书经》上说："惟学逊志，务时敏，厥修乃来。"

我所讲的谦虚也就是这个意思。

最后，我讲一下朴素生活。三年前，我在北京英中协会作过一次演讲，那时我曾说，真正的中国国民必须保有其国民的特性，在道德上，也必须保有其国民性，为了保持国民性，我们必须坚决捍卫我们所建构的文明理想。

西方近代文明的理想同我们东洋人的理想有哪些不同呢？

近代西洋文明的理想可以说是进步，进步，再进步。它的所谓进步就是尽量提高生活水准。美国人所以排斥我们中国人和日本人,是因为我们不理解他们文明的理想就是提高生活水准这一点。然而,我们的文明理想是朴素的生活和崇高的思想。即便是我们当中一贫如洗之辈,也不愿抛弃作为我们理想的朴素生活和崇高的思想,不愿拜倒在西洋人的所谓进步面前。

现代西洋人说我们难以同化于他们之中,于是排斥我们。然而,我想在座的日本人是决不会抛弃自己的理想而接受他们的东西的。我曾多次对来中国和日本的外国人讲过这样的话,那就是,他们不该把我们说成是落后民族,因为,我们虽然过着朴素的近乎原始的物质生活,但却将自己的文明提高到西洋人曾经达到过的文明的最高峰。这难道不是人类文明史上一件让人惊异的事情吗?

以前,我在欧洲时,研究过希腊文明。欧罗巴文明的高潮是希腊时代,但现代日本所拥有的文明即便不说优于,至少也不劣于古希腊的文明。尽管日本人吃着萝卜根,住在简陋的小房里,但他们却是优秀的国民。这点就证明了我所说的朴素生活的重要性。

最后,我讲讲我们"为什么需要提高自己的教养"。要是按我的说法,什么战争啦,混乱啦,究其原因,归根到底就在于一点,即缺乏教养。何以有战争?何以致混乱?这决非人类走向了堕落,而是因人们都不知道怎样去生活。现代的人们,尤其是西洋人知道应该怎样去工作，在这一点上，他们比他们的祖先要进步许多，但是他们却不知道应该怎样去生活。

那么，我们怎么才能知道应该如何去生活呢？我认为只有依靠真正的教养。真正的教养不是教人像机器像木偶般活着，而是指给人们一条作为一个真正的人而生活的路径。我所说的教养对人生所以必要的理由就在于此。

在结束这个演讲之前，我还想谈一下，我这次来到日本，看到日本有"大东文化协会"这样的团体，实在不胜欢欣。这是日本的有识之士不用重商主义、产业主义以及军国主义来开拓日本以及东亚未来的产物，这就是孔子说的以文德立国的表现。如孔子说的那祥，"远人不服，则修文德以来之。"但愿日本在处理同其他国家的关系时，不要依恃武力，而应用文德去光大国威。

（本文有删减）

中国古典的精髓[1]

○《中庸》载:"致中和,天地位焉,万物育焉。"

1　此文原发表在日本《大东文化》1926年3月号上。

我曾经在我的论文《中国问题》中,就这样一个问题作了论述,即中国文化的目的、中国教育的精神就在于创造新的社会。

欧美的许多无识之辈动辄断言,中国的学说里缺少"进步"的概念。然而,我的看法恰恰相反,我深信,表现在中国古典学说中的中国文化的精髓正是"秩序和进步"。"四书"里的《中庸》一篇,若我将其英译就是"Universal Order"(普遍的秩序),《中庸》有这样一句:

"致中和,天地位焉,万物育焉。"

因此,依照孔子的教义,即便将此句解释为"文化的目的,不仅在于人类,而且在于使所有被创造的事物都能得到充分地成长和发展",也并不算过分。在这里,难道看不出真正的发展、进步的精神吗?只有先确立秩序——道德秩序,然后,社会的发展就会自然地发生,在无秩序——无道德秩序的地方,真正的或实际的进步是不可能有的。

欧洲人以前犯过,至今仍在犯的错误就在于他们抛开道德秩序去追求进步。就像建造巴比伦塔的古代人一样,他们一心将他们摩天大楼式的文明往高处一个劲地筑,而无视自然法则的存在,结果正如我们现在所看到的,他们的那种摩天楼式的文明正在走向崩溃了。

在中国古代经典中,"进步"这个明确而贴切的概念是俨然存在着的,如果看看《大学》,就能得到证明。

大學

大舊音泰今讀如字　朱熹章句

子程子曰大學孔氏之遺書而初學入德之門也於今可見古人為學次第者獨賴此篇之存而論孟次之學者必由是而學焉則庶乎其不差矣

大學之道在明明德在親民在止於至善

程子曰親當作新。大學者大人之學也明明德者人之所得乎天而虛靈不昧以具眾理而應萬事者也但為氣稟所拘人欲所蔽則有時而昏然其本體之明則有未嘗息者故學者當因其所發而遂明之以復其初也新者革其舊之謂也言既自明其明德又當推以及人使之亦

○《大学》载："大学之道，在明明德。"

大学之道，在明明德。

所谓大学，并不像理雅各博士所译成的那样是"伟大的学问"，而实际上指的是高等的教育。无独有偶，法国的孟德斯鸠也讲了这样一段相同意义的话："我们学习知识的主要目的在于增进我们本性的美好，并使我们变得更加理智。"

纽约《国民报》的记者艾曼·艾奇·赫斯奇黑恩先生在批评美国教育界的现状时说："我有一朋友，他在大学里当教授。他曾告诉我这样一件事，他有一次问学生，为什么对哲学，尤其是对美国土生土长的哲学——实用主义不太关心？学生回答说，哲学与人生的主要追求，即同对金钱的追求没有太大的关系，由此我们可以知道，他们认为有价值的研究在于产业和工艺的东西那一面。"在这里我们可以看出古代中国和近代欧洲在"进步"这个概念上所表现出来的不同。

近代欧洲的进步重点放在产业和机械工业的发达，而古代中国则侧重于人的进步，人的灵魂的、理智的进步，《大学》中尤其强调创造一个新的更美好的社会是高级教育的最终目的。若引用公元前一千七百六十年前后的皇帝成汤的《盘铭》中"苟日新，日日新，又日新"，就可以加深对《大学》的理解。

并且，这段铭文以文王说的"作新民"来结束全文。

如此一来，就不会再有人讲在中国的经典中缺少进步这一概念的话了吧。有关欧美各大学高等教育的目的，我少时不太清楚,以至于一个欧洲人问我,将来最好成为一个什么样的人时,我当即不假思索地回答为当绅士。实际上,欧美各大学教育的目的在于使人能够生存而不在于让人们如何去创造一个新的更好的社会,它所给予人们的教育是让人们怎样在社会上谋取一个职位。

伊顿公学校长奥斯卡·布拉乌尼格先生在其著述《教育论》上,有如下的文字:"受过完好教育的人在充满物质欲的财界是找不到自己位置的。"想想看,受过完好教育的人居然在财界找不到自己的位置,那么,这是一个怎样的世界呢?由此,我们就能容易地看出欧洲文明的致命的缺陷在什么地方。

在古代中国,受过完好教育的人必能在社会上得到相应的地位。因为我们明白,高等教育的目的无论如何也不单是为了能够使人们得到怎样生存的知识,不像爱默生所说的那样仅仅"为了糊口",而是为了创造一个新的更美好的社会。

在这篇文章的结尾,我要再重复说一下我的看法,在中国古代经典里,"文明"的真正含义在于"秩序与发展",教育不在于知识的积蓄而在于知性的发达。有知性就有了秩序,有秩序——道德秩序,就有了社会的进步,中国语言中"文明"虽没有明确的定义,但从其文字构成来看,它由"美好和智慧"组合而成,即美好和智慧的东西就是文明。

只有心胸狭窄、目光短浅的人才会认为中国古代经典思想中缺乏进步的概念,而认为西方摩天大楼式的文明才是唯一的最高级的文明。他们并没有透彻地理解"进步与发达"的真正含义。不把教育的目的放在社会的改造与进步的欧美教育,同汽车驾驶员训练学校没有什么差别,它虽然培养出了驾驶员,但却没有培养出一个人格完善的人,没有培养出使社会得到真正的进步与发展的人。一个不能使人们得到完美教育的文明,在本质上是不能和中国文明同日而语的。

中国文明的历史发展[1]

以前，我们只知道我们东方的文明，但现在，一种新的文明来到了我们面前，这就是欧洲文明。

要想理解欧洲文明，首先必须充分了解摆在我们面前的各种文明，必须对其进行深刻的探究。在对各种文明的研究上面，我曾花了很长的时间，我在研究了中国固有的文明和西方文明之后，得出了一个结论，即这两种文明在发展形式上是一样的。我所说的欧洲文明不是现在我们所见到的欧洲文明，不是这种不健康的文明，而是真正的欧罗巴文明。常有人说，东方文明比欧洲文明古老得多，东方文明在产生时间上也比西方文明要早。但是：我认为欧洲文明同东方文明同样经历了漫长的岁月。东方文明在周朝时代走向成熟，而欧洲文明的高峰是在伯里克利时代。周朝同伯里克利时代差不多在同一时间。在相当于古希腊苏格拉底的孔子去世之后，不过一年的时间，苏

1　辜鸿铭1924年在日本大东文化协会的演讲。

格拉底也离开了人世。但是，东西方文明也有一点区别，那就是东方文明有连续性，而西方文明则常因为外在文明的入侵而出现波折。若想知道中国文明的进化，就必须了解中国历史。因此，下面我想谈一谈中国文化和中国历史。中国文明真正的起点是在夏代，以后经历了商代、周代。在西方，与中国夏文明对应的是古埃及文明。与中国商朝相对应的是犹太文明；在中国周朝的文化达到最高潮的时候，欧洲也相应盛开了古希腊文明之花。中国文明开始于夏代，发展于商代，全盛于周代。据我的研究，中国的夏代，像西方的古埃及一样，是物质文明发展的时期。在夏代，正如我们大家都知道的，出了一个名叫禹的皇帝，他在兴修水利上获得成功，由此可以看出，当时有着相当发达的物质文明。在这时的埃及，则修建了金字塔和运河。再看看那个时代的绘画，就可以更加明了那个时代物质文明发达的程度。那以后，在商代，中国文明在道德以及心的方面，在形而上学的方面得到了相当的发展。周朝主要发展知的方面。与此相同的是，在西方，犹太文明也在道德上得到发展，《圣经》就是这个时代的产物。这本经典主要谈道德问题而很少论及知的问题，待到古希腊文明时代，知的文化得到相当的发展。巧合的是，在中国此时的周朝，知的方面的发展也完成了第一阶段。为了搞清周代的文明同古希腊灿烂的文明是一致的，我下面引用孔子的一段话，"周监于二代，郁郁乎文哉，吾从周。"这表明，周文化同古希腊文明是对应的。我以前曾说,现代欧洲文明所以庸俗丑陋,是因为荒废了古希腊文化的修养。

按这样的顺序,中国文明在进化的第一阶段——周代走向了完备,但这时的文明就像花朵那样,开蕾之后,就逐渐枯萎了。周代文明凋落的征兆就在于特别重视知的方面。通俗的说法就是重脑而不重视心,就是人们只注重知事而忽视行事。

中国文明之花的凋落就从过于重视知的时候开始。以后,中国文明就朝着两个方向发展,一方面是老、庄学说的兴起,另一方面是礼仪的进步。即便现在的中国也是这样,学者称不上真正的学者,而是读诗文的艺人,一个劲地吵嚷不休。所谓"礼"就是艺术,它不仅仅限于西方人通常所理解的艺术,只包括绘画、雕刻一类,还包括行为的艺术、活动的艺术。

孔子就刚才述说的两个流弊曾告诫他的弟子:"攻乎异端,其害也已。"所谓异端,指的就是像老庄哲学这类的学说。对像卡恩多·海因格尔、塔戈尔·拉茨萨尔等异端邪说不加攻击,对保全完整的人格,是有害的。像这些异端学说,诸如老庄之类,把其作为药剂来使用还是可以的,但如果当饭来吃就有弊无利,像拉茨萨尔这样的思想对欧洲社会是必要的,因为欧洲社会是个不健康的社会,它需要这样的药剂,他的这种思想对于一个健康的社会、人格健全的国度是没有什么必要的。我们东方人,无论是中国还是日本都未患什么病,所以,也就不需要这种思想。孔子批评只注重礼乐形式的流弊时说:"礼云礼云,玉帛云乎哉?"

为了校正中国文明过于向知和礼仪方面发展的偏向,为了挽救中国文明,孔子想了不少办法,但都没有能成功。就如同住了不知多少代的破旧的、即将倾覆的房子一样,无论怎样修补也无济于事。处在这种场合的时候,诸位打算怎么办呢?若在西洋,会赶紧给这房屋设立保险,但遗憾的是,孔子的时代,保险公司还不知道在哪儿呢!因而,孔子只留下了一幅建设一个文明大厦的蓝图,那就是"六经"。因为有这"六经",我们就可以按原来的式样,重建文明的家园。但是,目前在这方面,我们有负于孔子的重托。我不仅希望中日两国人民不要丢弃这幅宝贵的蓝图,而且我对专门研究按这设计图重建文明的方法为目的的大东文化协会十分欣赏,我希望在座诸位能给予一些帮助。

由于人们注意的重点转到知的方面,因而就出现了很多学者,由于这些人没有什么教养,所以可以称之为"乱道之儒"。秦始皇断然实行"焚书坑儒"。我如果生活在那个时代,或许也是被坑的一个。秦始皇认为,当时的社会既不需要文化,也不需要学者,它需要的是法律。因此,他重用法家,但依靠法律维持的文明并没有持续多久。因为秦始皇以官史取代学者,就使他的事业归于失败,因此秦朝的统治不过二世就均台了。有意思的是,秦始皇使分崩离析的中国合而为一,而恰好此时,欧洲兴起的马其顿帝国将分裂混乱的希腊统一起来,但这个马其顿帝同也只经历了腓力二世和亚历山大一世,不过两代人就灭亡了。

继秦而起的是汉朝,汉朝的第一个皇帝是中国历史上最初的平民君主,也就是"布衣天子"。在汉朝以前的封建制时代,居统治地位的人们是以自己的身份地位来让民众服从,但随着秦朝的灭亡,封建制瓦解,到汉朝以后,贵族再也不能依靠身份进入统治者的行列了,统治者若不依靠强权就不能服众。汉朝的皇帝是依靠"汗马功劳"才得到皇位的。前文曾说过,袁世凯当皇帝不是依靠"汗马功劳"而是依靠电台、报纸等宣传力量,因此我们不服从他。

真对不起,我说的尽是中国的事,我在中国被人称作"神经有毛病"辜鸿铭。由于上述原因,在现代中国,我是个不受重用的人,然而日本人却颇能理解我的心境。我至今仍留着发辫也是基于上述原因。

汉高祖以武力征服了天下,尔后又想用武力来治理天下,但是,当时的一位大学者谏议他说,治理这样一个大帝国,必须借助道德的力量,也就是文化。皇帝听从并实施了这位学者的建议,从而使一度在中国大地上消失的文明又重新回到中国,苟延残喘到汉初的学者又把孔子留下的蓝图重新进行整理。由此,我认为汉代的中国可以同欧洲罗马时代相提并论,与欧洲罗马帝国分为东西罗马的同时,中国的汉代也分为东汉、西汉两个时代。在西汉时代,虽然开始了对孔子留下的蓝图的研究，但当时还仅仅停留在研究阶段，因而对孔子的学说尚未有充分的理解。实质上，政府还是在以武力去治理天下。这个时代最为兴盛的学问是"黄老学派"，同西方此时的斯多噶学派相对应。这派思想有一个缺陷，那就是它是教人们"无为"的，而不是教人们应该怎样做事。所以如此，主要还是由于时人未能真正理解孔子思想的缘故。于是就导致了儒者和侠士的大量出现。这种情况在司马迁的《史记》里得到了反映。后世把这些儒者称为"乱道之儒"。以后，又兴起了一支叫"新学"的流派，这"新学"导致了人们思想的迷惘。再后来，就出现了恰同现代袁世凯的王莽。可以说"新学"一出现，所谓"大义名分"就走向消亡了。中国每在混乱的时刻都有这样的正邪之争，我现在就在为捍卫大义名分而奋斗。中国现在就是混乱的时代。王莽被贼众灭亡之后，建立东汉王朝的是光武帝，他虽不是什么伟大学者，但他具备伟人的优秀品质，他能够区分什么是真正的学问，什么是假的丑恶的思想，由于他的努力，真正的中国文明又恢复过来，以孔子的学说作为国教的就是此人[1]。如果说在西汉，孔子的教义还只是一种哲学的话，到东汉则完全变成了国教。而且，光武帝还在孔子庙里建了一所学校，这所学校有些像法国苏伦坡大学那样，是供伟人演讲的场所。我希望日本的大东文化协会成为日本的苏伦坡大学。

---

[1] 辜鸿铭所述错误，提出"独尊儒术"的是西汉汉武帝刘彻，不是东汉光武帝刘秀。

孝經註疏序

孝經者百行之宗五教之要自昔孔子述作垂範將來奧旨微言已備解乎註疏尚以辭高旨遠後學難盡討論今特剪截元疏旁引諸書分義錯經會合歸趣一依講說次第解釋號之為講義也

翰林侍講學士朝請大夫守國子祭酒上柱國賜紫金魚袋臣邢　昺等奉　勑校定註疏

成都府學主鄉貢傅注　奉右　撰

夫孝經者孔子之所述作也述作之旨者昔聖人蘊大聖德生不偶時適值周室衰微王綱失墜君臣僭亂禮樂崩頹居上位者賞罰不行居下位者褒貶無作孔子遂乃定禮樂刪詩書贊易道以明道德仁義之源修春秋以正君臣父子之法又慮雖知其法未知其行遂說孝經一十八章以明君臣父子之行所寄知其法者修其行知其行者謹其法故孝經緯曰孔子云欲觀我褒貶諸侯之志在春秋崇人倫之行

○《孝經》

那时，皇帝偶尔也会出现在这种场合，聆听学者的讲论。

如上所述，中国文明之花盛开于周代，灭亡于秦始皇之世。到东汉时代又出现了中国文明的复兴，孔子的思想成为中国的国教。因此，最完美的人格象征是在东汉出现的，这个时代还产生了两本优秀著作：《孝经》《女诫》。但东汉王朝并未存在多久，因为它有一个缺陷，即只注重"心"的方面。在周代，人们对"知"的方面倾注了过分的热心，但到东汉时代，一切都反过来了，人们对"知"的东西是不闻不问，却在"心"的方面下了很多功夫。为了弥补这个缺陷，便有了佛教哲学的兴起，因为佛教恰恰就在此时传入了中国。佛教所带来的"知"的东西，同孔子思想中"仁"的方面相结合，形成了一种新的思想，它使得中国进入了一个浪漫的时代，即三国时代。佛教给中国文明增添了不少色彩，但同时也招致了混乱。中国社会的政治就因此走向了堕落。

十六国结束后，随之而来的是六朝，之后又是唐朝，这个时代的情景类似西欧文艺复兴时代，中国出现了文化的繁荣。由此，我认为，现代中国在五大国的干涉结束后，我们的文艺复兴时代将会再度到来。唐代的文化是相当美丽、纤巧的。但也由于它太美丽、稚弱，所以它容易染上虫子，而这些虫子就开始了毁灭它的过程。那虫子就是"文弱之病"。它导致了社会的堕落，尤其在男女关系方面非常混乱，甚至宫廷内出现了很多丑闻。以美人而闻名的杨贵妃就是这个时代的产物。因为这个杨贵妃，中国历史就进入了暂时的分裂时期。

为挽救流于文弱的中国文明，出现了推崇真正的孔子学说的学派，即"宋代儒学"，同欧洲相比，汉代儒学相当于古罗马的旧教，而宋代儒学则类似新教。众所周知，在欧洲出现了马丁·路德，经他的手创立了新教派，在中国起路德作用的是韩愈。由他发起了"新儒学"运动。韩愈虽然生在唐代，但从他的行为思想来考察，他应是宋代人。宋代的学者弥补了唐代文化的缺陷，努力地使中国文化趋于完美。为此，他们吸收了不少佛教的东西。大家都知道，佛教是个有严密体系、有深刻内涵的宗教，它像药引一样可以治疗唐代社会的疾病。因此当中国社会出现不正常时，人们就皈依佛教，因而，到宋代时，由于佛教势力的扩张，中国文化就显得过于狭隘了。现代中国文明也同这时一样，同样地陷入了困境。那个时候，中国文明停滞主要由于佛教思想加入了中国的思想领域。因此，前不久，泰戈尔先生打算将印度的哲学传给中国时，我是表示反对的。

宋代若同欧洲比较，是一个清教派兴起的时代。中国出现了朱子学派，朱子是个伟大的学者，可以说是韩愈以后的大儒。

朱子试图改变宋代儒学眼光狭窄的现状，使其能宽容万物，精深博大。后来，明代的王阳明也有这个想法，不过，朱子主张必须完全地按孔子所说的办，有些近于盲目地教人服从

◎ 朱熹[1]（左一）

1　朱熹（1130—1200）：字元晦，号晦庵，晚称晦翁。祖籍徽州府婺源县（今江西婺源），生于南剑州尤溪（今福建尤溪）。南宋时期理学家、思想家、哲学家、教育家、诗人。19岁中进士，曾任江西南康、福建漳州知府、浙东巡抚等职，官拜焕章阁侍制兼侍讲，为宋宁宗讲学。晚年遭遇庆元党禁。死后被追赠为太师、徽国公，赐谥号"文"，世称朱文公。朱熹是理学集大成者，其理学思想成为元、明、清三朝的官方哲学。朱熹及其门人创立了朱子学派。

孔子的学说。王阳明不然，他主张依"良知"即常识去确定自己的行动，尔后去遵从孔子的教义。听说日本学者不像中国学者那样固执，我觉得很了不起。朱子的学说是"学而不思"，而王阳明的则是"思而不学"，日本的年轻人最好是先学而后思，既不要遵从王阳明的思想，也不要听信朱子的学说，中国现在面临的问题是怎样从儒学的束缚中走出来。我认为可以依靠同西方文明的交流来解决这个问题。这倒是东西方文明互相接触所带来的一大好处。仅仅靠学讲外国话，住帝国旅馆，跳跳舞，是无法领会西方文明的。诸君不要只学其表面的东西，而要领会它的本质，想真正地登入文化的殿堂是相当不易的，而且不存在捷径。我个人或许知识浅陋，没有资格这样说，但我还是衷心希望诸君能继续我的事业，加深拓宽自己的学问，为世界文明的发展做出贡献。

（本文有删减）

一个大汉学家

汝为君子儒！无为小人儒！[1]

——《论语》

我最近阅读了翟理斯博士的《耀山笔记》[2]一书。在阅读的过程中，使我想起了另一个英国驻华领事霍普金斯[3]先生的一句话："侨居中国的外国人，每当谈起某某汉学家的时候，总以为他们像傻瓜。"

翟理斯博士早就享有大汉学家的名声。如果从其已出著作的数量来看，他是不枉此称的。可是我以为，现在已不能只

1　此句是孔子对门徒子夏的告诫。因子夏"文学虽有余，然意其远者大者或昧焉。"儒，学者之意，见《论语·雍也第六》。
2　《耀山笔记》：一共两册，第一册1914年出版，第二册1915年出版。是关于中国文化的一些学术札记。
3　霍普金斯（1854—1952）：英国人，1874年来华，为使馆翻译生。1901—1908年任天津总领事。1908年退休回英。他研究汉学，发表过不少关于甲骨文和古钱币的文章。

看数量，而该是对他的著作进行质量和真正的价值估定的时候了。

一方面，翟理斯博士具有以往和现在一切汉学家所没有的优势——他拥有文学天赋：能写非常流畅的英文。但另一方面，翟理斯博士又缺乏哲学家的洞察力，有时甚至还缺乏普通常识。他能够翻译中国的句文，却不能理解和阐释中国思想。从这点来看，翟理斯博士具有与中国文人相同的特征。孔子曰："文胜质则史。"（《论语·雍也第六》）

书籍和文学作品，对于中国的文人来说，不过是其写作和注书的材料而已。他们生活、修心养性于书中，与现实世界不发生关系。他们从不把著书作文当成实现目的的唯一手段。可真正的学者，只是把著书立说和文学研究视作能够使他用以阐释、批判、理解和认识人类生活的手段而已。

马太·阿诺德说过："只有通过理解全部文学——整个的人类精神史，——或者把一部伟大的文学作品当作一个有机的整体来领悟时，文学的力量才能展现出来。"然而，在翟理斯博士的所有著作中，却没有一句能表明他曾把或试图把中国文学当作一个有机整体来理解的事实。

正是这种哲学洞察力的缺乏，使得翟理斯博士在他的著作

◎《华英字典》

中，对材料的组织安排显得那样无能。拿他那本大字典[1]来说，就一点也不像个字典，只不过是一本汉语词语和句子的汇集罢了。翟理斯博士书中的这些翻译，看不出任何选择和剪裁，也

---

1 即翟理斯的名著《华英字典》，1892年上海别发洋行初版，1912年伦敦修订再版。共1711页。所收语句、词汇较此前任何一部同类字典都多。编排上有些杂乱无章。该字典初版中有不少错误，德国汉学家查赫曾核查出千余条错误，翟理斯在再版时绝大部分予以了更正。

没有什么顺序或方法。就其学术价值而言，他的这部字典，肯定不如卫三畏博士所编的那本旧字典。

至于翟理斯博士的那本《中国名人谱》[1]，必须承认，它的确是一本凝聚着巨大劳动的著作。但它同样显示出作者对最一般评判力的完全缺乏，在这样的一部词典里，人们总是盼望能找到一个真正的名人的哪怕一个简短的评介。

Hic manus ob patriam pugnando Vulnera passi,

Quique sacerdotes casti,dum vita manebat,

Quique pii vates et Phoebo digna locuti,

Inventas aut qui vitam excoluere per artes,

Quique sui memores aliquos fecere merendo.

这里有一群为祖国在战争中受伤的人，

另一些在世时则是圣洁的祭司，

有的是虔诚的诗人，说出无愧于费布思之言，

有的是富于创新精神的、使生活丰富多彩的艺术家，

还有些人留下了使人们怀念的业绩。

---

1 《中国名人谱》：又称《古今姓氏族谱》。1898年上海别发洋行初版。是一部有着1022页的大部头词典。该书曾获法国汉学家大奖儒莲奖。书中对中国名人的介绍，稍简略。

古 今 姓 氏 族 譜

A CHINESE

BIOGRAPHICAL DICTIONARY

HERBERT A. GILES, LL. D.
*Professor of Chinese in the University of Cambridge
and late H. B. M. Consul at Ningpo*

London	Shanghai
BERNARD QUARITCH	KELLY & WALSH, Limited
15 Piccadilly	Yokohama,

1898

◎《中国名人谱》

◎ 陈季同

在这部"名人谱"中，我们发现他将古代的圣贤与神话传说中的人物混在一起，在陈季同[1]将军、辜鸿铭先生、张之洞总督和刘布（Lew Buah）船长之间，唯一的区别只是，后者常常以无数的香槟来接待外国友人！

最后，这些"笔记"——翟理斯博士最近刚出版的这些东西，——我恐怕，它对于翟理斯博士作为一个有辨别力和评判力的学者的声望，是不会有所提高的。因为其绝大部分内容的选材完全没有实践的或人道的意义。它给人的印象就仿佛是翟理斯博士不厌其烦地写这些书，原本并不想告诉世人关于中国人和他们的文学之丝毫东西，而只不过是向世人炫耀一下：我翟理斯博士是一个多么渊博的中国学家，我知道的关于中国的东西，比任何别人都要多得多哩。此外，在这里，翟理斯博士和在别的场合一样，总表现出一种缺乏哲学头脑，与一个学者不相称的、令人不快的粗率和武断。正是由于这些特点，像翟理斯博士之流的汉学家，恰如霍普金斯先生所说过的那样，在实际居住于远东的外国人中，落下了名不符实的笑柄，并遭到了被视为傻瓜的奚落。

下面，我打算从翟理斯博士最近出版的著作中选出两篇文

---

[1] 陈季同：福建闽侯人。近代翻译家。早年留法，19世纪70、80年代曾以法文著书多种，向西方人介绍中国，是《聊斋志异》一书最早的法文本译者。为近代中西文化的交流做出过相当贡献。他与辜鸿铭，是"五四"前在西方发生过一定影响的仅有的两个中国人。

章来试图说明，迄今为止，所有外国学者关于中国学问和中国文学的研究成果缺乏人道的或实践的意义，其错到底是否在中国学问和中国文学本身？

第一篇文章的标题是《何为孝？》[1]，该文的观点，主要集中在对两个汉字意义的理解上。孔子的一个弟子问孔子"何为孝"，孔子答道："色难。"（Colour diffcult）

翟理斯博士说："问题在于二千多年过去了，这两个汉字究竟是什么意思呢？"在对国内外学者所有相似的解说和翻译进行取舍之后，翟理斯博士自然找到了他所谓的真正含义。为了揭示翟理斯博士那种粗率和与学者不相称的武断态度，我在此特引用几句他宣称其发现时所说的话。翟理斯博士说：

"在上述诸语之后即宣称它的意思就在表面上，恐怕是武断了些。然而，你不得不做的一切，正好那首诗所言：

要弯腰时，它在那儿，
可要寻时，却左右皆无。

"当子夏问孔子'何为孝'的时候，孔子简单地回答道：'色难'：要描述它，是困难的。好一个聪明恰当的回答。"

在这里，我并不打算用精确的中国语法，来挑翟理斯博

---

[1] 见《耀山笔记》第一册20—25页。

士的错误之处,我只想说,假如翟理斯博士在此把"色"字猜想成动词,那么在通顺的中国语文里,那句话将不能说成"色难",而只能说成"色之维难"。这里,如果"色"字被用作动词,那么非人称代词"之"是绝对不可少的。

可是,撇开语法的精确性不谈,翟理斯博士翻译的孔子的答话,就整个上下文的联系来看,也一点未把握住其真实的观点或意义。

子夏问:"何为孝?"孔子答道:"色难。(困难在于方式与态度)[1]有事,弟子服其劳,有酒食,先生馔,曾是以为孝乎?(当有事要做的时候,年青人须不辞辛劳,有酒食的时候,应当让老人先享用。——你真认为这就是孝吗?)"可不,上文的全部观点已很清楚地摆在这儿了——重要的不在于你对你的父母履行什么义务,而在于——以什么方式和态度,你在履行这些义务时,以一种什么精神面貌。

在此,我想指出的是,孔子的道德教义的伟大和真正有效处,正在于翟理斯博士所理解错了的这一点上——他错认为只是在名义上履行道德义务。其实,孔子主张的是,重要的不在于做什么,而在于怎么做。这两种不同就是所谓伦理道德和宗教之间的区别,也就是只作为道德家的准则与伟大的真正的宗教导师之生动教义之间的区别。道德家只告诉你什么行为是道

---

[1] 参照孔子"巧言令色"(出自《论语》)中"色"字的含义。

德的，什么行为是不道德的。而真正的宗教导师则不仅仅告知这一点。真正的宗教导师不仅谆谆教诲外在要如何行事，而且还主张重要的更在于行为之态度，那种行为的内在。真正的宗教导师告诉我们行为之道德或不道德，并不在于我们做什么，而在于我们如何做。

这就是马太·阿诺德在他教义中所称的基督的教法。当可怜的寡妇给他那八分之一的小硬币时，基督叫门徒注意的不是她给了基督什么，而是她如何给。道德家们说："不许通奸。"可基督说："我要告诉你们，无论是谁，当他带着欲念去窥盯一个妇女时，他实际上已经犯了强奸罪。"

同样，孔子时代的道德家们说：儿女们必须为其父母劈柴担水，将家中最好的酒食让与他们：那就是孝。可孔子却说："不！那不是孝。"真正的孝，并不在于只履行对父母的服侍之责，而在于怎样、以什么方式和态度，用什么精神去履行这些义务。孔子说，难就难在用什么方式和态度去做（色难）。在此，我将最后指出：正是通过其教义中这种途径的力量，视其道德行为之内在为重的力量，才使得孔子成为一个伟大的、真正的宗教导师，而不是像那些基督教传教士所说的那样只是一个道德家而已。

就拿中国目前的改革来说，它便可作为孔子教法的进一步说明。那些为外国报纸所喝彩的所谓进步官员们，现在正忙乱不堪——他们甚至要到欧美去——试图从那儿找回能在中国采用的什么改革。但不幸得很,中国的拯救将不取决于这些进步官员所制造的改革,而取决于这些改革将如何被推行。可惜的是,我无能为力,没法阻止这些进步官员到欧美去学习宪法并迫使他们待在家里好好研究孔子。因为只有当这些官员们真正领会了孔子的教义和他的方法,并注意到如何取代这种改革的东西时,在中国,才不会出现目前的改革运动将导致的混乱、灾难和痛苦。

除此之外,我还将粗略核验一遍翟理斯博士《耀山笔记》中的另一篇文章,它题为:《四个阶层》。

日本人末松男爵在一次招待会上说:日本人将他们的国民分成四个阶层——士(Soldiers)、农、工、商。对此翟理斯博士说:"把士译作士兵是不对的,那是后来的意思。"翟理斯博士进一步指出:"'士'字最早的含义起源于'Civilians'(相对军警而言的平民百姓)。"

然而实际情形正与此相反。"士"字的最初含义,指的是古代中国的绅士贵族,就如同现在欧洲那些穿制服的——佩剑贵族一样。此后,军队的官兵,便被称作士卒。

在古代中国,那些平民官僚阶层,被称为"史"——Clericus。当中国的封建制度被废止的时候(公元前2世纪),打仗不再成为士人的唯一职业,于是平民官僚阶层便乘势崛起,他们变为统治者,形成穿袍贵族,以区别于原有的那种佩剑贵族。

武昌的张之洞总督阁下曾问我,何以外国领事属于文职,可穿制服时却总要佩剑。我回答说,这是由于他们为"士"。这种士,不同于中国古代的那种平民学者即史,而是那种当兵服役的士大夫即武士。总督阁下点头称善。并在第二天就下令武昌学堂的所有学生,都必须换上军服。

因此,翟理斯博士提出的这个问题,即中国的"士"字到底指平民还是指武士的问题,在当今实具有巨大的现实意义。因为未来的中国到底将独立还是受外人管辖支配,将取决于他是否从此拥有一个强大有效的军队,而是否能拥有强大有效的军队,又取决于是否让中国那有教养的统治阶级永远回复到那"士"字真正的古代意义和概念上去,不做文士,而是去做一种当兵服役、能保卫他的祖国免于侵略的武士。

中国语言

所有致力于学习中国语言的外国人，都众口一词，说它是一门非常难学的语言，然而果真如此吗？在回答这个问题之前，让我们先来弄清所谓中国语言到底是什么。众所周知，在中国存在两种语言（我不是指方言）：口头的语言和书面的语言（白话和文言）——顺便问一问，有谁知道中国人坚持区分这两种语言的原因吗？是这样的，在中国，正如在欧洲有段时期，当拉丁语作为学术用语或书面语言的时候，人民曾被适当地划分成两个不同的阶级：受过教育的和没有受过教育的阶级。那时，通俗的或口头的语言专门为没有受教育者所用，而书面语言则完全服务于受过教育的阶级。在这种情况下，半受教育的人是不存在的。我认为这就是中国人始终保持两种语言的原因所在。现在，我们来考虑一下一个国家，如果存在半受教育的人将会是什么结果。看看今天的欧洲和美国吧。自从废弃了拉丁语以后，口头的语言和书面语言之间明显的区别消失了。由此兴起一个允许与真正受过教育的人使用同样语言的半受教育阶段。他们高谈什么文明、自由、中立、军国主义和泛斯拉夫主义，却连这些词本身的意义也没有弄懂。

下面，我们回到正题上来：中国语言到底难不难？我的回答是：难，也不难。首先让我们来看看汉语口头语言。我认为汉语口头语言不仅不难，而且与我所掌握的其他半打语言相比，除了马来语外，它可算是世界上最容易的语言了。我之所以这么说，是因为它既没有语格、时态，又没有规则和不规则动词，实际上没有语法，或者说不受任何规则束缚。可有人对我讲，正是由于汉语口头语言简单，没有规则或语法，它才实在难学。然而，事实并非如此。马来语和汉语一样，也是一门没有语法或规则的质朴语言，可学习它的欧洲人至今却没有觉得它难，这就说明，就其语言本身而言和至少对于中国自己来说，汉语口头语言是不难的。然而，来到中国的受过教育的欧洲人，尤其是半受教育的欧洲人，甚至连汉语口头语言，即讲说汉语也觉得异常困难，这是为什么呢？在我看来，这是因为汉语口头语言属于没有受过教育、完全未受过教育的人们的语言，事实上是一种孩童的语言。众所周知，正当那些博学的语言学家和汉学家们大讲中国语言如此难学的时候，欧洲的孩童们却是多么容易地就学会了讲说汉语，这一点已足资证明我的观点了。汉语口头语言，我再说一遍，它不过是一门孩童的语言罢了。所以，我奉劝那些试图学会汉语的外国朋友们，首先必须使自己像一个孩童,然后你就不仅能进入天国,而且也能够学会汉语。

下面,我们再来看看文言或书面汉语。在做进一步阐述之前,我先介绍一下,书面汉语也同样存在着不同种类。传教士们曾将书面汉语划分为简易文理的和繁难文理的两类。但我认为,这个分类是不能令人满意的。在我看来,合理的分法应当是简单欠修辞的语文、通行的语文和高度优雅的语文三类。假如你愿意用拉丁语,可以称它们为:Litera Commonis or Litera officinalis(普通会话的或日常事务用语),Litera classica minor(低级古典汉语),和Litera classica majora(高级古典汉语)。

如今,许多外国人都已自称或被称为中国学家。三十年前,我在《字林西报》上发表过一篇关于中国学的文章,曾指出:"许多身居中国的欧洲人,他们出版了几本关于中国某几省的方言汇编,或者收集百来条中国谚语之后,便立刻有权自称为一个中国学家。"我还说:"当然,只取一个名目倒也无关紧要,按条约中治外法权一款,一个英国人,在中国,甚至可以泰然自若地自称为孔子的,只要他乐意!"可现在,我想要说的是,那些自称为中国学家的外国人,他们当中究竟有多少人意识到了我所讲的classica majora(高级古典汉语)、那种用高度优雅汉语写成的中国文学部分蕴藏着人类文明的宝贵财富?我所以称它是一笔文明的宝藏,是因为我坚信,中国文学中的高级古典汉语,终有一天能够改变那些作为爱国者正带着一种野蛮动物的相争本能鏖战于欧洲的、尚处在自然毛胚状态的人们，使他们变成和平的、文雅的和礼让的人。文明的内容，正如罗斯金所说，就是使人摆脱粗俗、暴力、残忍和争斗，从而成为礼让者。

还是言归正传。中国书面语言到底难否？我的回答依然是：难，又不难。我认为，书面汉语，即使是我所谓高度优雅的语文，那种高级古典汉语，都不难，因为它如同汉语口头语言一样，极为简洁。对此，我不妨随便举一个普通例子向你们说明这一点。我举的这个例子是中国唐代诗集中的一首四行诗，它描述了中国人民为抵抗来自北方野蛮而又凶残慓悍的匈奴人的侵略，以保卫自己的文明所作出的牺牲。这首诗的汉文是这样的：

> 誓扫匈奴不顾身，
> 五千貂锦丧胡尘。
> 可怜无定河边骨，
> 犹是春闺梦里人。[1]

翻译成英文，大意是：

Swear sweep the Huns not care self,

1　出自唐代陈陶《陇西行》。

Five thousand sable embroidery perish desert dust;

Alas! Wuting riverside bones,

Still are spring chambers dream inside men!

自由一点的英文译诗，也可以像这样：——

They vowed to sweep the heathen hordes

From off their native soil or die:

Five thousand tasselled knights, sable—clad,

All dead now on the wuting stream,

Still come and go as living men

Home somewhere in the loved one's dream.

现在，假如你将原文和我可怜笨拙的英译诗两相比较，你就会发现，汉文原诗，其遣词和风格多么质朴，其文意多么简明，然而，在这如此简明的遣词、形式和文意中，却又蕴含着多么深刻的思想和多么深沉的情感。

要想体会这种中国文学——用极其简明的语言表达深刻思想和深沉情感的文学——你必须去读《希伯来圣经》。《希伯来圣经》是所有世界文学中最深刻的著作之一，然而它的语言却极为简洁。不妨摘一段为例："这个忠实的城邦怎么变成了一个妓女？身居高位的男人都是些不忠诚的叛徒和强盗的同伙；人人都爱得到馈赠并追求报偿；他们既不审理孤儿的案件，也不受理来到他们面前的寡妇案件。"出自同一先知之口的，还有另外一段:"我将让孩童去做他们的高官,用婴儿统治他们,人们将因此受到他们的压迫。孩童会傲慢恣意地反对老者,并用卑鄙来对抗高尚。"好一幅恐怖的图景!一个国家或民族处于这种可怕的状态,正如我们在今日中国所看到的一样。事实上,假如你想得到那种能改变人、能够使人类变得文明的文学,你就只有到希伯来和古希腊文学中,或者到中国文学中去找。可是,希伯来语和希腊语如今都已变成了死语言,相反,中国语则完全是一种活生生的语言——它直到今天仍为四万万人民所使用。

概括言之,口头汉语也好,书面汉语也好,在某些人看来是很难的,但是,它难,不是因为它复杂。许多欧洲语言如拉丁语和法语,它们难是由于它们复杂,有许许多多的规则。而汉语则不然,它难在深奥,难在能用简明的语句表达深沉的情感。汉语难学的奥秘正在这里。事实上,正如我在别的地方所说过的:汉语是一种心灵的语言、一种诗的语言,它具有诗意和韵味,这便是为什么即使是古代中国人的一封散文体短信,读起来也像一首诗的缘故。所以,要想懂得书面汉语,尤其是我所谓的高度优雅的汉语,你就必须使你的全部天赋——心灵和大脑、灵魂与智慧的发展齐头并进。

受过现代欧式教育的人们觉得汉语异常难学的原因,也正在于此。因为现代的欧式教育,只注重发展人天性的一部分——他的智力。换言之,汉语对于一个受过现代欧式教育的人来说所以很难，是因为汉语深奥，而现代欧式教育的目标，仅仅盯着知识的数量而忽视质量，它只能培养出一些浅薄之徒，而这些浅薄之徒自然难以学会深奥的汉语。至于那些半受教育之辈，正如我在前文所说过的，对他们来说，即使是汉语白话，也是难而又难的。这些半受教育者或许能成为富翁而被人们谈及，然而要想让他们懂得高级古典汉语，那简直无异于骆驼穿针眼，其原因也是如此。因为书面汉语只供真正有教养的人们所用。简而言之，书面汉语难就难在它是真正受过教育的人们的语言，而真正的教育本身就是一件很难的事情。希腊谚语说得好："美的东西，就意味着难。"

在结束本文之前，让我再来举一个关于书面汉语的例子，说明我所讲的纯朴而深沉的感情即使在低级古典汉语、那种正式的通行汉语文学中，也随处可见。这个例子是一首四行诗，一个现代诗人作于新年除夕之夜的诗。该诗的汉文是这样的：

示内[1]

莫道家贫卒岁难，

北风曾过几番寒。

明年桃柳堂前树，

还汝春光满眼看。

---

1 辜鸿铭作给妻子的诗。

就字面意，译成英文是——

>Don't say home poor pass year hard,
>
>North wind has blown many times cold,
>
>Next year peach willow hall front trees,
>
>Pay—back you spring light full eyes see.

自由一点，可以译成如下的东西：

Fret not, —though poor we yet can pass the year:

Let the north wind blow ne'er so chill and drear,

Next year when peach and willow are in bloom,

You'll yet see Spring and sunlight in our home.

在此，我还可举一个更长、流传最久远的作品，他是中国的华兹华斯、唐代诗人杜甫的一首诗。下面，我首先给出我的英语译文，它的内容是：

MEETING WITH AN OLD FRIEND

In life, friends seldom are brought near;

Like stars, each one shines in its sphere.

To—night, —oh! What a happy night!

We sit beneath the same lamplight.

Our youth and strength last but a day.

You and I—ah! Our hairs are grey.

Friends! Half are in a better land

With tears we grasp each other's hand.

Twenty more years, —short, after all,

I once again ascend your hall.

When we met, you had not a wife;

Now you have children, —such is life!

Beaming, They greet their father's chum;

They ask me from where I have come.

Before our say, we each have said,

The table is already laid.

Fresh salads from the garden near,

Rice mixed with millet, —frugal cheer.

When shall we meet? 'tis hard to know.

And so let the wine freely flow.

This wine, I know, will do no harm.

My old friend's welcome is so warm.

To—morrow I go, —to be whirled

Again into the wide, wide world.

上述译文,我承认几乎是拙劣的,它仅仅译出了汉文诗的大意而已,原作决非如此水平。然而,该诗——它那接近于口语的诗意的简洁,依然带着一种不可言状的优雅、庄重、悲怆哀婉和高贵，而这一切，我无法用英语表达在同样简单的语言中，或许那是不可能做得到的。

> 人生不相见，动如参与商，
> 今夕复何夕，共此灯烛光。
> 少壮能几时，鬓发各已苍，
> 访旧半为鬼，惊呼热中肠。
> 焉知二十载，重上君子堂，
> 昔别君未婚，儿女忽成行。
> 怡然敬父执，问我来何方，
> 问答乃未已，儿女罗酒浆。
> 夜雨剪春韭，新炊间黄粱，
> 主称会面难，一举累十觞。
> 十觞亦不醉，感子故意长，
> 明日隔山岳，世事两茫茫。[1]

---

1 出自唐代杜甫《赠卫八处士》。

中国妇女

马太·阿诺德在谈起《圣经》里提到的一场下院辩论——关于比尔提出准许一个男人娶他已故妻子之妹的那场争论时,说道:"当人们真正考虑起女性,女性理想以及她们与我们的关系问题时,有谁会相信聪敏灵巧的印欧种族,那曾培育出女神缪斯、多情的骑士和圣母马利亚的种族,将会在那最智慧的国王娶有七百妻、纳有三百妾的闪米特种族的风俗制度中,找到这一问题的最终答案呢?"

为了说明我的问题,我要从上述这段长引文里借用"feminine ideal"(女性理想)两个字。那么,什么是中国人的女性理想呢?中国妇女的女性理想以及她们与这种理想之间的关系又如何呢?在作进一步阐述之前,让我充分尊重马太·阿诺德本人,尊重他所在的印欧种族。正如他根据那个智慧国王娶有七百妻、纳有三百妾的事实推断给我们的那样,这里谈到的闪米特人[1]、古希伯来人[2]的理想女性,并非像我们所想象的那样可怕和令人厌恶。关于这一点,我们从古希伯来人的文学作品中也能得到证实:"谁能找到这样一个德行出众的妇人呢?她的价值远在红色宝石之上。她丈夫的心完完全全地信任她。天还未亮她就起床,为全家做好饭并给女儿们各备一份早餐。她经常手不辞纺锤,指不离纱杆。她不必为下雪替家人担心,因为她的全家都穿得漂漂亮亮、暖暖和和。她智慧满嘴,开言即善,以此熏染家人。她精心地照管一家而不吃闲饭。她的孩子长大了都称她为幸福的圣使,她的丈夫也这样称她,并以资鼓励。"

我想,这种闪米特人的理想女性,总还不至于是那么叫人可怕、那么糟糕透顶吧。当然,她是比不上印欧种族的女神马利亚和缪斯的轻柔和雅致。但有一点必须承认——马利亚和缪斯作为偶像挂在人的房间里尽管美妙绝伦,假如你递给她一把扫帚,或是把可爱的马利亚送进厨房,那么你的房间准会灰尘满地,次日早晨也绝对没有半点早饭可吃的。孔子曰:"道不远人,人之为道而远人,不可以为道。"(《中庸》)。我想,希伯来的理想女性即便不能与马利亚和缪斯相比,如果同现代欧

---

[1] 闪米特人,词汇由德国人冯施洛泽在1781年提出,用来指代民族语属亚非语系和闪米特语族人群。闪米特人不是单一民族,而是包含了母语属性有关联的群体民族。
[2] 古希伯来人,属于古北闪米特分支,是现代犹太人的祖先。

◎ 萨尔贡青铜头像[1]

---

1 公元前2400年,两河领域出现了一个由闪米特人建立的强大王国:阿卡德,其领袖为萨尔贡一世。萨尔贡一世也成为人们艺术表现的焦点,留下了许多赞颂他的艺术作品,这尊青铜头像就是这个时期的典型之作。萨尔贡青铜头像出土于尼尼微,大约创作于公元前2300年左右,据传是萨尔贡的头像。现收藏于伊拉克巴格达博物馆。

洲的理想女性比起来，却是要强得多。至于英格兰的那些女权主义者，就更无法与之相提并论了。我们可以对比一下古希伯来人的理想女性，同现代欧洲小说中的女主人公如小仲马笔下的"Dame aux Camelias"。顺便说一下，人们有兴趣不妨了解这样一个事实，即在所有译成中文的欧洲文学作品中，小仲马的这部将污秽堕落的女人视作超级理想女性的小说，在目前赶时髦的现代式中国最为卖座，获得了极大的成功，这本法国小说的中文译本，名为《茶花女》，它甚至已被改编为戏剧，风行于中国大江南北的各剧院舞台。现在，如果你将闪米特种族的古代理想女性，那为了丈夫不怕雪冻、一心只要丈夫穿得体面的女性，同今日欧洲印欧种族的理想女性，那个没有丈夫，因而用不着关心丈夫的衣着，而自己却打扮得华贵体面，且最后胸前放一朵茶花腐烂而终的茶花女相比，那么你就会懂得什么是真实的，什么是虚伪的和华而不实的文明。

不仅如此，即使你把古希伯来人的理想女性，那手不辞纺锤、指不离纱杆，那勤于家务、从不吃闲饭的妇人，同现代赶时髦的中国妇女，那指不辞钢琴、手不离鲜花，穿着黄色贴身衣、满头遍挂镶金饰，到中国基督教青年会大厅里，站在乱七八糟的人群前面搔首弄唱的女人相比；假如你比较这两种理想女性，那么你就会知道，现代中国离开真正的文明是多么迅速和多么遥远了。因为一个民族中的女性正是该民族的文明之花，是该文明国家的国家之花。

◎ 壁画，希伯来人观念中的天使及神话世界

现在，我们还是回到原来的问题上：中国的理想女性到底是什么？我的回答是，它与我上面所讲的古希伯来人的理想女性本质上一样，但又有一个重要的区别。它们的相同点在于，两种理想女性都既不是仅挂在屋子里的一具偶像，也不是男人终日拥抱和崇拜的对象。中国的理想女性就是一个手拿扫帚打扫和保持房子清洁的妇人。事实上，中国的"婦"[1]字，本来就由一个"女"和一个"帚"两部分构成。古代中国人把妇女称作一个固定房子的主人——厨房的主人（主中馈），毫无疑问，这种真正的女性理想——一切具有真正而非华而不实文明的人们心中的女性理想，无论是希伯来人，还是古希腊和罗马人，本质上都与中国人的女性理想一样：即真正的理想女性总为Hausfrau，家庭之主妇，La dame de menage or chatelaine[2]。

下面，让我们讲得更为详细些。中国人的女性理想，从远古时代流传下来，就一直被概括在"三从"和"四德"里。那么何为"四德"呢？它们是：首为"女德"，次为"女言"，三为"女容"，最后为"女工"。"女德"的意思是指不要求妇人特别有才智，但要谦恭、腼腆、殷勤快活、纯洁坚贞、整洁干净，有无可指摘的品行和完美无缺的举止；"女言"的意思是指不要求妇人有雄辩的口才或才华横溢的谈吐，不过要仔细小

---

1 婦：妇的繁体字写法。
2 "Hausfrau""La dame de menage"：前者德文，后者法文，都是"管家务的女人"，即家庭主妇。

心地琢磨用词，不能使用粗鲁的语言，并晓得什么时候当讲，什么时候该住嘴；"女容"意味着不必要求太漂亮或太美丽的容貌，但必须收拾得整齐干净、穿着打扮恰到好处，不能让人背后指指点点；最后，"女工"意味着不要求妇人有什么专门的技能，只要求她们勤快而专心致志于织纺，不把时间浪费在嬉笑之上。要做好厨房里的事，把厨房收拾干净，并准备好食物。家里来了客人时尤应如此。这些就是汉朝伟大的史学家班固之妹曹大家或曹女士写在《女诫》中的、对妇女言行的四条根本要求。

那么什么又是中国妇道中的"三从"呢？所谓"三从"，实际上指的是三种无私的牺牲或"为他人而活"。也就是说，当她尚未婚配时，要为她父亲活着（在家从父），当她结婚后，要为她丈夫活着（出嫁从夫），而当她成为寡妇时，又必须为孩子活着（夫死从子）。事实上，在中国，一个妇人的主要生活目标，不是为她自己而活，或者为社会而活；不是去做什么改良者或者什么女性感情会的会长；甚至不是去做什么圣徒或给世界行善；在中国，一个妇人的主要生活目标就是做一个好女儿、一个好妻子和一个好母亲。

我的朋友、一个外国太太曾写信问我，中国人是否真的相信妇人是没有灵魂的？我回信告诉她说，我们中国人并不认为妇女没有灵魂，我们只是认为一个妇人——一位真正的中国妇人是没有自我的。

古育之美 | 137

◎ 中国古代妇女,《捣练图》(节选),唐 张萱

然而人们会对我说：为什么只是要求妇女无私和做出自我牺牲呢？男人们为什么不？对此，我的回答是，不是不要求男人这样。在中国，——那些辛辛苦苦支撑家庭的丈夫们，尤其当他是一个士人的时候，他不仅要对他的家庭尽责，还要对他的国王和国家尽责，甚至在对国王和国家服务的过程中，有时还要献出生命：这难道不也是在做牺牲吗？康熙皇帝临终前躺在病床上发出的遗诏中曾说，他直到临终时才知道，在中国做一个皇帝，是一种多么大的牺牲。

下面，为了使那些可能仍对中国的丈夫们的"真实的爱"持怀疑态度的人们相信，在中国，丈夫们能深深地爱着他们的妻子，我可以从中国的历史和文学作品中举出充分的证据来。在这里，我本十分愿意引用和翻译一首挽歌，它是唐代诗人元稹为悼念亡妻而作的。但遗憾的是这首诗太长了，在已经是过于冗长的拙文里引用它不太合适。然而，如果开始认识中国人，又希望了解那种感情——真正的爱，而不是当今人们常常误解为的所谓性爱，——在中国，一个丈夫对他的妻子的爱是多么深挚，那么就应该去读一读这首挽歌。它在任何一本唐诗集中都能找到。这首挽歌的标题是"遣悲怀"。由于不能在此引用这首长诗，我打算以一个现代诗人所写的另一首四行短诗来代替它，这个诗人曾是已故总督张之洞的幕僚[1]，他携妻带

---

1 这里为辜鸿铭自指。下面一首诗也是他本人所作，为了纪念他的日本亡妻吉田贞子。

子，作为总督的随行人员到达武昌，在那待了多年之后，其妻去世。由于过分悲痛，他不得不马上离开武昌。在动身时，他写下了那首挽诗。该诗原文如下：

此恨人人有，

百年能有几？

痛哉长江水，

同渡不同归。

用英文表达它的意思，大约是这样——
The feeling here is common to everyone,
One hundred years how many can attain?
But'this heart breaking, O ye waters of the Yangtze,
Together we came, —but together we return not.

同丁尼生下列诗相比，这首诗的感情即便不是更深沉，至少也是同样深沉。而它的用字却更少，语言则更为简洁。丁尼生的诗写道：

撞啊，撞啊，撞啊，

撞击在你冰冷灰白的岩石上，噢，海呀！

……

你轻抚的手突然消失，

你的声音却犹然在耳!

然而,如今在中国,妻子对她丈夫的爱又如何呢?我认为这无须证明。我们中国,新娘和新郎按规矩在婚前是彼此不能相见的,但即使这样,新娘和新郎之间的爱却依然存在。这一点从唐代的一首四行诗中可以看到:

> 洞房昨夜停红烛,
> 待晓堂前拜舅姑。
> 妆罢低声问夫婿,
> 画眉深浅入时无?[1]

为了说明这些,我必须谈谈关于中国婚姻的某些风俗。在中国,合法的婚姻必行"六礼"。首先,是"问名",即正式提婚;其次,是"纳彩"[2],即订婚;第三,是"定期",订下结婚日子;第四,是"迎亲",即迎娶新娘;第五,是"奠雁",洒酒雁上,即山盟海誓,保证婚约,之所以如此,是因为雁被认为是所有配偶爱中最忠诚的;第六,是"庙见"。在这六礼之中,最后两礼至关紧要,为此,我打算对它们详细作些描述。

---

1 出自唐代朱庆余《近试上张水部》。
2 古代指接受丝织赠品,现代指彩礼、彩金。

目前，第四礼娶新娘，除了在我的家乡福建省仍保持着古老的风俗外——一般都免除了。因为它给郎家造成太多的麻烦和浪费。如今，新娘已不再是被迎娶，而是被送到新郎家去，当新娘入郎家时，新郎站在门口迎接，并由他自己亲自打开新娘所坐的轿子，迎她到堂屋中。在堂屋，新娘和新郎拜天地，也就是他们双双面对着厅堂的大门，跪在苍天面前。厅堂里放一张桌子，桌上摆两根红烛，接着丈夫洒酒在地——前面放着新娘随身携带的雁，这一礼节就是所谓"奠雁"，在雁前面洒酒祭奠，在男女之间海誓山盟——他发誓对她忠诚，她也发誓对他忠贞，正如同他们眼前所看到的双雁一样，坚贞不渝。从这时开始，可以说他们就变成了理所当然的亲密丈夫和甜蜜妻子了。但这种结合，还只是通过了道德法、君子法，——他们彼此互予忠贞二字，还没有得到公民法的承认。所以，这一礼节可以被称作道德的或宗教婚姻。

接下来的礼节是所谓新娘和新郎间的交拜。站在厅堂右边的新娘，首先跪在新郎面前，新郎也相对而跪，然后他们交换位置，新郎站到新娘站过的地方，朝她跪下——她也如法回敬。在此，我希望指出的是，毫无疑问，这种交拜礼，在男女之间，在夫妇之间，是完全平等的。

如前所述，那种誓约礼可以被称为道德或宗教婚姻，以区别于三天之后接之而来可以被称之为公民婚姻的礼仪。在道德或宗教婚姻中，那男那女在道德法面前，在上帝面前结成了夫妻。这种婚姻仅限于该男该女之间。在中国,所有社会和公民生活中,家庭几乎都代替了国家——国家只是作为一个公开的外在的法庭而存在,——家庭在我所讲的道德或宗教婚姻中,对婚姻或男女婚姻是没有任何法律上的裁判权的。实际上,从婚姻开始的第一天起到第三天举行的"公民婚姻"止,新娘不仅不被介绍,而且也不许露面或被新郎家的家庭成员窥见。

这样,新娘和新郎在一起住过了两天两夜,可以说不算合法,但却已享受了作为夫妻的甜蜜和幸福。在第三天——跟着就是中国婚姻中最后一礼的到来——庙见,或称作公民婚姻。我说在第三天举行庙见礼,这是《礼》经中的规定(所谓"三日庙见"),但如今,为了减少麻烦和浪费,一般在当天事后,接着便举行这一礼仪。这一礼仪——庙见,如果其家族的祖庙就近——当然在祖庙举行,但对于那些住在城镇,而附近又没有祖庙的人们,这一礼仪则在有身份有名望哪怕很穷的人家的祖庙或祠堂举行。这种祖庙、庙堂或圣祠,里面都有一个灵台,或在墙上贴有红片纸,正如我在别的地方所说过的那样,它们是孔教这一国教的教堂,中国的这种教堂,在性质上同基督教国家中的教堂式宗教的教堂是一致的。

这一仪式——庙见,首先由新郎的父亲去跪到祖庙的灵台前,如果无父,则由该家庭中最亲的长者代行——对祖宗的亡灵宣告,家庭中一位年轻成员现已娶妇进门。然后,新郎新娘依次跪到同一祖宗灵前。从这时开始,那男那女——不仅在道德法或上帝面前——而且在家庭面前、国家面前、国法面前，结成了夫妻。因此，我称这一庙见礼仪——中国人婚姻中的祠堂祭告——为社会的或公民的婚姻。而在此公民婚姻之前，那个女子，那个新娘——按照《礼》经的规定——是不能算一个合法的妇女的（"不庙见不成妇"）。同时，据《礼》经规定，如果那新娘在祠祭前暴亡，则不许在夫家受祭烧纸——她丈夫烧纸祭奠她的地点和她的祭奠灵位也不放在丈夫家族的祖庙里。

这样，我们看到，在中国，一个合法的公民婚约不是那个女子和男人之间的事，而是那个女子同她丈夫家庭间的事，她不是同他本人结婚，而是进入他的家庭。在中国，一个太太的名片上，往往不写成某某的夫人，如"辜鸿铭夫人"，而是刻板地写成"归晋安冯氏袨袆"之类语。在中国，这种妇女同夫家之间的婚约，夫妇双方都绝不能不经夫家的许可任意撕毁。这正是中国和欧美婚姻的根本不同点所在。在欧美，人们的婚姻——是我们中国人所称为的情人婚姻，那种婚姻只基于单个男女之间的爱情，而在中国，婚姻正如我曾说的，是一种社会婚姻，一种不建立在夫妇之间，而介于妇人同夫家之间的契约——在这个契约中，她不仅要对丈夫本人负责，还对他的家庭负有责任。通过家庭再到社会——维系社会或公民秩序。实际上，最终推及到整个国家。最后，让我在此指出，正是这种婚姻的公民观念，造成了家庭的稳固，从而保证了整个社会和公民秩序，乃至中国整个国家的稳固。至此，请允许我进一步指出——在欧美，人们表面上似乎都懂得公民生活意味着什么，懂得并具有一个作为真正的公民的真实概念——一个公民并不是为他自身活着，而首先是为他的家庭活着，通过这形成公民秩序或国家。——然而，在对这两个字的真实的感知中，欧美却未能形成稳定的社会、公民秩序或国家这样的东西——恰如我们今天在现代欧美所见的那样，其国中的男男女女对社会或公民生活并没有一个真实的观念——这样一个设有议会和统治机器的国家，假如你愿意，可以把它称作"一个巨大的商行"。或者说，在战争期间，它简直就是一群匪徒和海盗帮——而不是一个国家。实际上，在此我可以进一步指出，这种作为一个只关心那些最大股东自私物质利益的大商行之虚伪的国家观念——这种具有匪徒esprit de corps（合伙精神）的虚假的国家观念，归根到底，是目前已在继续进行的可怕战争的根源。简而言之，缺乏一种对公民生活的真实观念，就没有也不可能有一个真正的国家，哪还谈得上什么文明存在之可言！对我们中国人来说，一个不结婚、没有家庭和栖身之所的男人，是不能成为一个爱国者的，假如他良心被唤起，成为了一个爱国者——我们中国人也称其为强盗爱国者（brigand patriot），事实上，一个人要想拥有一个真实的国家或公民秩序的观念，他就必须首先拥有一个真实的家庭观念，而要拥有一个真实的家庭和家庭生活观念，一个人又必须首先拥有一个真实的婚姻观念——结婚不是去结一种情人婚姻，而是去结上述我努力描述的那种公民婚姻。

还是言归正传吧。现在你能够想象出那可爱的妻子是如何等待到天明——去敬拜公婆,梳妆完毕后低声向其夫婿,画眉深浅程度如何的了——从这里你能晓得我所说的中国的夫妇之间有着爱情,尽管他们在婚前彼此并不相识,甚至在婚礼的第三天也如此,但他们之间存在爱情却是事实。如果说你认为上述的爱还不够深,那么接着,我再举一个妻子写给她身在远方的丈夫的两行诗:

当君怀归日,是妾断肠时。
The day when you think of coming home.
Ah! then my heart will already be broken.

莎士比亚"当你喜欢它时"一剧的剧中人罗莎琳德(Ro-salind)对她的表哥塞尼亚(Celia)说:"哦,表哥,表哥,我的小表哥,你最了解我的爱有多么深!但我无法表达:我的爱就像葡萄牙海湾一样无穷无尽。"在中国,一个妇人——一个妻子对她丈夫的爱,和那个男人——那个丈夫对他妻子的爱,可以说就像罗莎琳德对她表哥之爱一样深不可测,无法形容。它就如同葡萄牙海湾那般无穷无尽。

然而,我要谈谈它们彼此之间的那些不同点。我说过,在中国人完美的理想女性观和古希伯莱人的理想女性观之间是有差异的。《所罗门之歌》中的希伯莱情人这样表达他对太太的爱："你是多么漂亮，哦，我的爱，你和苔尔查（Tirzah）一样美，像耶路撒冷一样秀丽，像一支揭竿而来的军队那样可怕！"即使在今天，凡见过美丽的黑眼睛的犹太女人的人们，也都会承认，这幅描绘古希伯莱情人赋予他们种族的理想妇女形象的图景真实而又鲜明。可是，对于中国人的理想妇女形象，在此，我想指出的是，其中却丝毫也不存在使人感到可怕的因素，无论在肉体上，还是在精神上都是如此。即使是中国历史上的那个美丽的，"一顾倾人城，再顾倾人国"的中国"海伦"，她可怕，也只是因为她内在的魅力不可抗拒。我在题为《中国人的精神》一文中，曾谈到过一个英文字"gentle"（温良、端庄、文雅），并用它来概括中国式人之类型给他人留下的整个印象。如果这一概括对真正的中国人来说是真实可信的，那么，它对于真正的中国妇女来说，就更准确了。事实上，真正的中国人的这种"温文尔雅"在中国妇女那儿，变成了神圣的、奇特的温柔。中国妇人的那温柔，那谦恭和柔顺，就如同《美梦的破灭》中密尔顿除夕那个妇人对她丈夫所说的：

上帝是你的法律，你，是我的；此外一无所知，这便是妇人最幸福的知识和荣耀。

确确实实，中国人理想的妇女形象中这种至善至美的温柔

◎ 乔万尼·薄伽丘

特性，你从其他任何民族的理想女性形象中都无法找到——没有任何文明，无论是希伯莱、希腊还是罗马，都不具备这一特性。这一完美的、神圣而非凡的温柔，只有在一种文明——基督教文明，当它臻于极致的文艺复兴时期才能找到。

如果你读过薄伽丘[1]的《十日谈》中格瑞塞达（Griselda）那个美丽的故事，你将从中窥见真正的基督教的理想妇女形象。然后，你就会懂得中国人的理想妇女形象中这种完美的恭顺，这种神圣的，纯粹无私的温柔意谓[2]着什么。

简而言之，就这种神圣而非凡的温柔性而言，那种真正的基督教的理想的妇女形象，同中国人的女性理想形象是大体相同的，但她们之间也有一个细微的差别，假如你仔细比较一下基督教中的圣母马利亚的形象，她不同于中国的观音菩萨，而恰恰与杰出的中国艺人所刻画的女妖形象相同，你就能看出这种差别——基督教理想妇女形象同中国人女性理想形象间的不同。圣母马利亚很温柔，中国的完美女性也温柔；圣母马利亚优雅悠然，轻灵绝妙，中国的理想女性也同样轻柔优雅，妙不可言。然而，中国的理想女性要胜一筹的是，她们还轻松快活而又殷勤有礼（debonair）。要想对"debonair"一词所表达的

---

[1] 乔万尼·薄伽丘（约1313—1375）：一说出生在法国巴黎，也有说生于意大利契尔塔多或佛罗伦萨。意大利最杰出的人文主义作家，文艺复兴的先驱之一。

[2] 即意味。

◎ 油画《松林宴会》[1],意大利 桑德罗·波提切利绘

---

1 又称《松树林中的宴会》,描绘《十日谈》第5天第8个故事。

这种妩媚的优雅有一种概念，你不得不回到古希腊，——

O ubi campi Spercheosque et virginibus bacchata Lacaenis Taygeta!

哦，我愿去斯佩尔克斯河流经的原野以及泰奇托斯山麓，那斯巴达姑娘们跳着（疯狂的）酒神舞的地方。

事实上，你将不得不去到得沙利的原野和斯佩尔克斯河流过的地方，去到斯巴达姑娘跳舞的泰奇托斯山麓。

毋庸讳言，中国自宋朝以来，那些可称作孔教禁欲主义者的宋代理学家们把孔教弄窄了，使其变得狭隘和僵化了，而在这一思维途径下，孔教精神，中国文明的精神被庸俗化了。从那时起，中国的女性丢掉了许多优雅与妩媚——"debonair"一字所表示的。因此，如果你想在真正的中国人理想的女性形象中看到"debonair"所表达的优雅与妩媚，你将不得不去日本，在那里甚至直到今天，依然保存着唐朝时期纯粹的中国文明。正是中国理想女性形象那神圣而非凡的温柔所形成的、"debonair"一字所表示的这种优雅与妩媚，赋予了日本女子以"名贵"的特征——甚至于当今最贫困的日本妇女也不例外。

谈到"debonair"一字所表达的这种妩媚和优雅的特色，请允许我在此引用几句马太·阿诺德所说的话。阿诺德把英国古板拘泥的新教教徒的理想女性形象，同法国灵巧娇嫩的天主教徒的理想妇女形象相对照，比较法国诗人毛里斯·盖兰（Maurice de Guerin）的那位受人爱戴的妹妹欧仁妮·盖兰（Eugénie de Guerin），和一个写过题为《艾玛·达萨姆小姐》（*Miss Emma Tatham*）一诗的英国妇女，然后他说：法国妇女是郎格多克（Languedoc）的一名天主教徒，英国妇女则为马格特（Margate）的一名新教教徒，马格特英国新教那古板拘泥的想象，体现在它所有无聊乏味的议论中，体现在它一切丑陋不合宜之中——补充一句，也体现在它所有的予人裨益之中。在这两种生活的外形和样式之间，一面是郎古多克圣诞节上古尔琳的"nadalet"，她复活节在泥地里做的礼拜，她作为圣徒一生的日常诵读；另一面则是达萨姆小姐的新教之赤裸的、单调空虚和狭隘的英国仪轨，她与马格特霍雷广场上的礼拜者合伙结成的教堂组织：她用软绵绵、甜腻腻的声音对那激昂短诗的吟唱：

我主耶稣知道，并感到了他血液的流动，"那就是永恒的生命"，那就是人间的天国！

她年轻的来自主日学校的女教师，和她那身为可尊敬阶层之领袖的托马斯·罗先生——在这两者之间，差异多大！从表面上看，这两种生活仿佛是相似的，可一究她们生活的全部详情，却又是多么不同！对于这种不同，有人说是非本质的和无关紧要的。不错,这种差异是非本质的,但若认为它是无关紧要的,那就错了。在英国仪轨之新教下的宗教生活明显缺乏优雅与动人之处,这绝非是一件无关紧要的事,它是一种真正的弱点。这件事你们应该解决,而不能留给别人。

最后,我打算指出中国人理想的女性形象中最重要的特性,那种鲜明地有别于所有其他国家和民族古代或现代的理想妇女形象的特性。就中国女人这一特性本身而言,不错,它是世界上任何自命为文明的国家和民族的理想妇女形象所共同的。但在此,我要强调的是,这一特性在中国发展到如此完美的程度,恐怕是世界上任何别的地方都望尘莫及、绝无仅有的。我所讲的这一特征,用两个中国字来描述,便是"幽闲"。在前文我所用过的对曹太太(大家)所著《女诫》的引文中,我将其译作"modesty and cheerfulness"。中国的"幽"字,字面意思是幽静僻静、害羞、神秘而玄妙。"闲"字,字面意思是"自在或悠闲"。对于中国的"幽"字,英语"modesty"(谦恭、端庄、纯朴而害羞),"bashfulness"(害羞、忸怩)只能给你一个大意,德语的"sittsamkeit"(羞涩、忸怩)同它较为接近,但恐怕法语"pudeur"(腼腆、羞涩)同它的本意最为接近了。这种腼腆,这种羞涩,这种中国的"幽"字所表达的特性,我可以说,它是一切女性的本质特征。一个女人这种腼腆和羞涩性愈发展,她就愈具有女性——雌性,事实上,她也就越成为一个完美的、理想的女人。相反,一个丧失了中国

"幽"字所表达的这种特性,丧失这种羞涩,这种腼腆,那么她的女性、雌性,连同她的淳香芬芳也就一并俱亡了,从而变成一具行尸走肉或一堆烂肉。因此,正是中国女性理想形象中这种腼腆,这种"幽"字所表达的特性,使得或应当使得中国妇女本能地感到和认识到在公共场合抛头露面是不成体统的、不应该的。按照中国人的正统观念,上戏台和在大庭广众面前唱歌,乃至到基督教青年会的大厅里去骚首弄唱,都是下流的,极不合适的事情。就其积极方面而言,正是这种幽闲,这种与世隔绝的幽静之爱,这种对花花世界诱惑的敏感抵制,这种中国女性理想中的腼腆羞涩,赋予了真正的中国女人那种世界上其他民族的妇女所不具备的——一种芳香,一种比紫罗兰香,比无法形容的兰花香还要淳浓,还要清新惬意的芳香。

两年前,我曾在《北京每日新闻》(*The Peking Daily News*)上翻译过《诗经》中那首古老情歌的第一部分。我相信,它是世界上最古老的情歌。——在这一部分里,中国人理想的女性形象是这样被描述的:

关关雎鸠,在河之洲,窈窕淑女,君子好逑。

The birds are calling in the air,

An islet by the river-side;

The maid is meek and debonair,

Oh! Fit to be our Prince's bride.

"窈窕"两字与"幽闲"有同样含义,从字面上讲,"窈"即幽静恬静的、温柔的、羞羞答答的;"窕"字则是迷人的、轻松快活、殷勤有礼的。"淑女"两字则表示一个纯洁或贞洁的少女或妇人。这样,在这首中国最古老的情歌中,你将发现中国理想女性的三个本质特征,即幽静恬静之爱,羞涩或腼腆以及"debonair"字所表达的那无法言状的优雅和妩媚,最后是纯洁或贞洁。简而言之,真正或真实的中国女人是贞洁的,是羞涩腼腆而有廉耻的,是轻松快活而迷人、殷勤有礼而优雅的。只有具备了这三个特征的女人,才配称中国的女性理想形象,才配称作真正的"中国妇女"。

儒家经典之一的《中庸》,我曾译作"人生指南"(Conduct of Life),它的第一部分内容包涵了在人生准则方面儒教的实践教义。在这一部分里,对幸福的家庭有过如下一段描述:

妻子好合,如鼓瑟琴。兄弟既翕,和乐且耽。宜尔室家,乐尔妻帑。

中国的这种家庭简直是人间天堂——作为一个拥有公民秩序的国家,中华帝国——是那真正的天堂。天国降临大地,降福于中国人民。于是为君子者,以其廉耻感名分心,以其"忠诚教",成为中华帝国公民秩序的坚强卫士;同样,中国的女人,那些淑女或贤妻,以其轻松快活、殷勤有礼的妩媚和优雅,以其贞洁、腼腆,一句话,以她的"无我教",成为中国之家庭——那人间天堂的守护神。

(本文有删减)

中国人的精神[1]

(在北京东方学会上所宣讲的论文)

首先,请允许我对今天下午所讨论的主题做一点解释。我所说的"中国人的精神",并不仅仅是指中国人的性格或特征。关于中国人的特征,已经有许多人做过描述。但是,诸位一定会同意我这样一个看法:迄今为止,尚未有人能够勾画出中国人内在特质的整体面貌。此外,当我们谈及中国人的性格或特征时,也很难给予简单的概括和归纳。因为众所周知,中国北方人的性格是与南方人不同的,正如德国人不同于意大利人一样。

我所指的中国人的精神,是中国人赖以生存之物,是本民族固有的心态、性情和情操。这种民族精神使之有别于其他任何民族,特别是有别于现代的欧美人。将我们的论题定为中国

---

[1] 1914年6月发表在英文报纸《中国评论》上,在美留学的胡适曾看到此文,并在自己的日记中略有评论。

式的人（Chinese type of humanity），或简明扼要地称之为"真正的中国人"，这样或许能更准确地表达我所说的含义。

那么，何为真正的中国人？我相信诸位一定会同意这是个很有意思的问题。特别是目前我们已经看到，典型的中国人——即真正的中国人正在消亡，取而代之的是一种新的类型的中国人——即进步了的或者说是现代的中国人。事实上在我看来，往日那种典型的中国人在世界各地正趋于消亡。所以，我们应该仔细地看上最后一眼，看看究竟是何物使真正的中国人本质地区别于其他民族，并且区别于正在形成的新型中国人。

首先，我想诸位感触最深的，一定是在旧式的典型的中国人身上，没有丝毫的蛮横、粗野或残暴。借用一个动物学的术语来说，我们或许可以将真正的中国人称之为被驯化了的动物。我认为一位最下层的中国人与一个同阶层的欧洲人相比，他身上的动物性[1]也要少得多。事实上在我看来，用一个词可以把典型的中国人所给你们留下的印象归纳出来，这就是"温良"（gentle）[2]。我所谓的温良，绝不意味着懦弱或是软弱的服从。正如前不久麦嘉温博士所言：中国人的温良，不是精神颓废的、被阉割的驯良。这种温良意味着没有冷酷、过激、粗野

---

1 即德国人所说的野蛮性。
2 即温文尔雅。

和暴力，即没有任何使诸位感到不快的东西。在真正的中国式的人之中，你能发现一种温和平静、庄重老成的神态，正如你在一块冶炼适度的金属制品中所能看到的那样。尽管真正的中国人在物质和精神上有这样那样的不足，但其不足都受到了温良之性的消弭和补救。真正的中国人或不免于粗鲁，但不至于粗俗下流；或不免于难看，但不至于丑陋骇人；或不免于粗率鄙陋，但不至于放肆狂妄；或不免于迟钝，但不至于愚蠢可笑；或不免于圆滑乖巧，但不至于邪恶害人。实际上，我想说的是，就其身心品行的缺点和瑕疵而言，真正的中国人没有使你感到厌恶的东西。在中国旧式学校里，你很难找到一个完全令你讨厌的人，即使在社会最下层亦然。

我曾提到典型的中国人给诸位留下的总体印象是温良，是他那种难以言表的温良。当你分析一下这种温良的特性时，就会发现，这种温良乃是同情与智能（intelligence）这两样东西相结合的产物。我曾把典型的中国人比作已被驯化的动物，那么是什么使得驯化的动物如此不同于野生动物的呢？我们都承认驯化的动物已经具有某些人的属性。但是人与动物的区别何在？就在于智能。一个驯化的动物的智能不是一种思考的智能，它不是由推理而来，也不是来源于它的本能——就像狐狸那种狡猾的本能，知道在何处可以找到美味的小鸡。来源于本能的智能不仅狐狸，甚至所有的动物都有。但我们所说的驯化的动物所具有的某些人类的智能，与狐狸或其他任何动物的智能是有完全不同的。它既不源于推理，也不生自本能，而是起自人类的同情心和一种依恋之情。一匹纯种的阿拉伯骏马之所以能够明白其英国主人的意图，既不是因为它学过英语语法，也不是因为它对英语有本能的反应，而是因为它热爱并依恋它的主人。这就是我所说的区别于狐狸或其他动物的、人类的智能。人的这种智能使其有别于动物。同样，我认为正是这种同情的智能造就了中国式的人之类型，从而形成了真正的中国人那难以言表的温良。

我曾听说一位外国友人这样说过：作为外国人，在日本居住的时间越长，就越发讨厌日本人。相反，在中国居住的时间越长，就越发喜欢中国人。这位外国友人曾久居日本和中国。我不知道这样评价日本人是否合适，但我相信在中国生活过的诸位都会同意上述对中国人的判断。一个外国人在中国居住的越久，就越喜欢中国人，这已是众所周知的事实。中国人身上有种难以形容的东西。尽管他们缺乏卫生习惯，生活不甚讲究；尽管他们的思想与性格有许多缺点，但仍然赢得了外国人的喜爱，而这种喜爱是其他任何民族所无法得到的。我已经把这种难以形容的东西概括为温良。如果我不为这种温良正名的话，那么在外国人的心中它就可能被误认成中国人体质和道德上的缺陷——温顺和懦弱。这里再次提到的温良，就是我曾给诸位展示过的源于同情心或真正的人类的智能的温良——既不是源于推理，也非产自本能，而是源于同情心——来源于同情的力量。那么,中国人又是何以具备了这种同情的力量的呢?

我在这里将冒昧地给诸位一个解答——或者说是一个假设。诸位愿意的话,也许可以将其视为中国人具有同情力量的秘密所在。中国人之所以有这种力量、这种强大的同情的力量,是因为他们完全地或几乎完全地过着一种心灵的生活。中国人的全部生活是一种情感的生活——这种情感既不来源于感官直觉意义上的那种情感,也不是来源于你们所说的神经系统奔流的情欲那种意义上的情感,而是一种产生于我们人性的深处——心灵的激情或人类之爱那种意义上的情感。实际上,正是由于真正的中国人太过注重心灵或情感的生活,以至于可以说他有时是过多地忽视了生活在这个由肉体和灵魂组成的世界上,人所应该的甚至是一些必不可少的需要。中国人之所以对缺乏优美和不甚清洁的生活环境毫不在意,其原因正在于此。这是唯一正确的解释。当然这是题外话。

中国人具有同情的力量——因为他们完全过一种心灵的生活——一种情感的生活。我在这里举两个例子对此加以证明。我的第一个例子是这样的:在座的诸位或许有人知道我在武昌的一位好朋友和同僚,曾任外务部尚书的梁敦彦。梁先生告诉我,当他首次被任命为汉口道台时,他心中充满了希望,并且发誓要努力奋斗成为一个达官贵人,穿上饰有红钮扣的华贵的官服。他得到这个职务时非常快乐,但这并不是因为他多么看重官服,也不是因为他从此可以发财,那时我们在武昌都很穷。他快乐的原因是因为他的升迁能够使广东的母亲感到欣慰和欢喜。这就是我所说的中国人所过的心灵的生活——一种情感的生活、一种人类之爱的生活。

另一个例子是在海关的苏格兰朋友告诉我的。他说他曾经有过一个中国仆人,那是一个十足的流氓,不但说谎、敲诈,而且还经常去赌博。但当我的这位朋友在一个偏僻的口岸染上伤寒,且身边无一个朋友能照料他时,他的仆人、那个十足的流氓却来精心地侍候他,使他获得了从最好的朋友、最亲的亲属那里都无法得到的照顾。我记得《圣经》中一位妇女曾说过:"宽恕他们吧,因为他们的爱是那样的深。"我想这句话不仅适用于那位中国仆人,而且适用于一般的中国人。在中国生活的外国人耳闻目睹了中国人在习惯和性格上的缺陷与不足,但仍然乐意与中国人相处,就是因为中国人有着一颗爱心。也就是我曾说过的,他们过着一种心灵的生活,一种情感的或人类之爱的生活。

现在我们已经掌握了解开中国人同情心之谜的线索——同情的力量给予真正的中国人以同情感和人类的智慧,造就了他那难以言表的温良。下面让我们顺着这个线索和前提进行检验,看看中国人是否过着一种心灵的生活。对此,我们不仅可以用前面曾举过的例子来加以证明,而且还可以用中国人的实际生活中表现出来的一般特征,来加以说明。

首先,我们来谈谈中国的语言。因为中国人过着一种心灵的生活，所以，我说中国的语言也就是一种心灵的语言。一个很明显的事实就是：那些生活在中国的外国人，其儿童和未受教育者学习中文比成年人和受过教育者要容易得多。原因就在于儿童和未受教育者是用心灵来思考和使用语言。相反，受过教育者，特别是受过理性教育的现代欧洲人，他们是用大脑和智力来思考和使用语言的。事实上，外国的知识分子之所以感到中国的语言如此难学，正是因为他们受过太多的教育，受到过多的理性与科学的熏陶。有一种关于极乐世界的说法也同样适用于对中国语言的学习："除非你变成一个孩子，否则你就难以学会它。"

其次，我们再指出一个众所周知的、中国人日常生活中的事实。中国人具有惊人的记忆力。其秘密何在？就在于中国人是用心而非脑去记忆。用具有同情力量的心灵记事，能够起到如胶似漆的作用，用它记事比用头脑或智力要好得多，后者是枯燥乏味的。举例来说，我们当中的绝大多数人童年的记忆要强过成年后的记忆。因为儿童就像中国人一样，是用心而非用脑去记忆。

接下来的例子，依旧是体现中国人日常生活中，并得到大家承认的一个事实——中国人的礼貌。中国一向被视为礼仪之邦，那么其礼貌的本质是什么呢？这就是体谅、照顾他人的感情。中国人有礼貌是因为他们过着一种心灵的生活。他们完全了解自己的这份情感，很容易将心比心推己及人，显示出体谅、照顾他人情感的特性。中国人的礼貌虽然不像日本人的那样繁杂，但它是令人愉快的。正如法语所绝妙表达的，它是La politesse du coeur：一种发自内心的礼貌。相反，日本人的礼貌则是繁杂而令人不快的。对此，我已经听到了一些外国人的抱怨。这种礼貌或许应该被称为排练式的礼貌——如剧院排戏一样，需要死记硬背。它不是发自内心、出于自然的礼貌。事实上，日本人的礼貌是一朵没有芳香的花，而真正的中国人的礼貌则是发自内心、充满了一种类似于名贵香水般——instar unguenti fragrantis[1]——奇异的芬芳。

我们举的关于中国人特性的最后一例，是其缺乏精确的习惯。这是由阿瑟·史密斯提出并使之得以扬名的一个观点。那么，中国人缺少精确性的原因又何在呢？我说依然是因为他们过着一种心灵的生活。心灵是纤细而敏感的，它不像头脑或智力那样僵硬、刻板，你不能指望心也像头脑或智力一样，去思考那些死板、精确的东西。至少那样做是极为困难的。实际上，中国的毛笔或许可以被视为中国人精神的象征。用毛笔书写绘画非常困难，好像也难以精确，但是一旦掌握了它，你就能够得心应手，创造出美妙优雅的书画来，而用西方坚硬的钢笔是无法获得这种效果的。

以上有关中国人生活的几个简单的例子，是任何人，甚至

---

[1] 意为"像香膏似的"。

是对中国人一无所知的人也能观察到并认同和理解的。通过这些例子,我已经充分证明了这样一个假设:中国人过着一种心灵的生活。

正是因为中国人过着一种心灵的生活、一种像孩子一样的生活,所以使得他们在许多方面还显得那样幼稚。这是一个很明显的事实,即作为一个有着那么悠久历史的伟大民族,中国人竟然在许多方面至今仍表现得那样幼稚。这使得一些浅薄的中国留学生认为中国人民未能使文明得到任何发展,中国文明是一个停滞的文明。必须承认,就中国人的智力发展而言,在一定程度上被人为地限制了。众所周知,在有些领域中国人只取得很少甚至根本没有什么进步。这不仅有自然方面的,也有纯粹抽象科学方面的,诸如数学、逻辑学、形而上学。实际上欧洲语言中"科学"与"逻辑"二字,是无法在中文里找到完全对等的词加以表达的。像孩童一样过着心灵生活的中国人,对抽象的科学没有丝毫兴趣,因为在这方面心灵与情感无计可施。事实上,每一件无需心灵与情感参与的事,诸如统计表一类的工作,都会引起中国人的反感。如果说统计图表和抽象科学只是引起了中国人的反感,那么欧洲人现在所从事的所谓科学研究、那种为了证明一种科学理论而不惜去摧残、肢解生物的所谓科学,则使中国人感到恐怖,并遭到了他们的抵制。

我承认单就中国人的智力发展而言,是在一定程度上受到人为的限制。今天的中国人仍然过着孩童的生活、心灵的生活。就此而言，中华民族这一古老的民族，在目前仍是一个带有幼稚之像的民族。但有一点诸位务必牢记，这个幼稚的民族，虽然过着一种心灵的生活，虽然在许多方面尚显幼稚，但他却有着一种思想和理性的力量，而这是一般处于初级阶段的民族所不具备的。这种思想和理性的力量，使得中国人成功地解决了社会生活、政府以及文明中许多复杂而困难的问题。我敢断言，无论是古代还是现代的欧洲民族，都未能取得像中国人这样辉煌的成绩，他们不仅将亚洲大陆上的大部分人口置于一个庞大帝国的统治之下，而且维持了它的和平。

实际上，我在这里要指出的是：中国人最美妙的特质并非他们过着一种心灵的生活。所有处于初级阶段的民族都过着一种心灵的生活。正如我们大家都知道的一样，欧洲中世纪的基督徒们也同样都过着一种心灵的生活。马太·阿诺德就说过："中世纪的基督教诗人是靠心灵和想象来生活的。"中国人最优秀的特质是当他们过着心灵的生活、像孩子一样生活时，却同时具有为中世纪基督徒或其他任何处于初级阶段的民族所没有的思想与理性的力量。换句话说，中国人最美妙的特质是：作为一个有着悠久历史的民族，它既有着成年人的智慧，又能够过着孩子般的生活——一种心灵的生活。

因此，我们与其说中国人的发展受到了阻碍，不如说它是一个永不衰老的民族。简言之，作为一个民族，中国人最美妙的特质就在于他们拥有了永葆青春的秘密。

现在我们可以回答最初提出的问题了——什么是真正的中国人？我们现在已经知道，真正的中国人就是有着赤子之心和成年人的智慧、过着心灵生活的这样一种人。简言之，真正的中国人有着童子之心和成年人的智慧。中国人的精神是一种永葆青春的精神，是不朽的民族魂。那么，这种使民族不朽，永远年轻的秘密又何在呢？诸位一定还记得在篇首我曾说过：是同情的或真正的人类的智能造就了中国式的人之类型，从而形成了真正的中国人那种难以言表的温良。这种真正的人类的智能，是同情与智能的有机结合。它使人的心与脑得以调和。总之，它是心灵与理智的和谐。如果说中华民族之精神是一种青春永葆的精神、是不朽的民族魂，那么，民族不朽的秘密就是中国人心灵与理智的完美和谐。

现在诸位或许会问：中国人是从何处，又是怎样得到了这种使民族永远年轻、让心灵与理智得以和谐的秘密的呢？答案只能从他们的文明中去寻找。诸位不可指望我在这短短的时间里做一个关于中国文明的报告。然而，我还是将试着告诉诸位一些涉及目前论题的有关中国文明的一些情况。

首先，我要告诉诸位，中国文明与现代欧洲文明有着根本的不同。著名的艺术评论家勃纳德·贝伦森[1]先生在比较欧洲与东方艺术时曾说过："我们欧洲人的艺术有着一个致命的、向着科学发展的趋向。而且每幅杰作几乎都有着让人无法忍受的、为瓜分利益而斗争的战场的印记。"正如贝伦森先生对欧洲的艺术评价一样，我认为欧洲的文明也是为瓜分利益而斗争的战场。在这种为瓜分利益而进行的连续不断的战争中，一方面是科学与艺术的对垒，另一方面则是宗教与哲学的对立。事实上，这一可怕的战场存在于人们的头脑和心灵中——存在于心灵与理智之间——造成了永恒的冲突和混乱。然而在中国文明中，至少在过去的二千四百年里，是没有这种冲突与混乱的。中国文明与欧洲现代文明的根本区别就在于此。

换句话说，在现代欧洲，宗教拯救人的心却忽略了人的脑；哲学满足了人头脑的需要但又忽视了人心灵的渴望。我们再来看看中国。有人说中国没有宗教。诚然，在中国即使是一般大众也并不太看重宗教，我指的是欧洲人心目中的宗教。对中国人而言，佛寺道观以及佛教、道教的仪式，其消遣娱乐的作用要远远超过了道德说教的作用。在此，中国人的玩赏意识超过了他们的道德或宗教意识。事实上，他们往往更多地求助于想象力而不是求助于心灵。因此，与其说中国没

---

[1] 即伯纳德·贝伦森（1865—1959）：美国艺术史学家。在鉴赏绘画，尤其意大利艺术品真伪方面擅长。著有《佛罗伦萨画家作品集》《美学、伦理学和历史》等书。

◎ 伯纳德·贝伦森

有宗教，还不如说中国人不需要——没有感受到宗教的必要更确切。

中国人，即使是一般大众也没有宗教需要，这个如此奇特的现象应该做何解释呢？对此，伦敦大学的汉学家道格拉斯先生在其儒学研究中曾有过如下论述："已有四十多代的中国人完全服从于一个人的格言。中国人所受到的孔子之教特别适合中国人的本性。中国人是蒙古人种，其黏液质头脑不善思辨穷理。这就自然会排斥对其经验范围之外的事物进行探究。未来世界的生活是不可知的，孔子所阐述的那些简明易懂的道德规范，已全然满足了中国人的需要。"

这位博学的英国教授说中国人不需要宗教，是因为他们已经受教于儒学，这个观点是正确的。但他认为中国人之所以不需要宗教是由蒙古人种的黏液质头脑及不善思辨所造成的，他就完全错了。宗教最初并非产生于思辨，宗教是一种感情、一种激情的东西，它与人的灵魂相联系。甚至非洲的野蛮人在刚一脱离动物般的生活时、他身上那种称之为心灵的东西刚刚觉醒时，就立刻有了对宗教的需要。因此，虽然蒙古人种的头脑或许是黏液质和不善思辨的，但我们必须承认，作为蒙古人种的中国人与非洲野人相比，毕竟属于更高层次的一种类型。既然非洲蛮人都有心灵，那么中国人就更不必说了。有心灵就需要宗教，除非有别的什么东西能够取代了宗教。

实质上,中国人之所以没有对于宗教的需要,是因为他们拥有一套儒家的哲学和伦理体系,是这种人类社会与文明的综合体儒学取代了宗教。人们说儒学不是宗教,的确,儒学不是欧洲人通常所指的那种宗教。但是,我认为儒学的伟大之处也就在于此。儒学不是宗教却能取代宗教,使人们不再需要宗教。

要搞清儒学是如何取代宗教的,我们就必须首先弄懂人类为什么需要宗教。在我看来,人类需要宗教同需要科学和哲学的原因是一样的,都在于人是有心灵的。我们先以科学为例,这里我指的是自然科学。是什么原因促使人们去追求科学呢?多数人会认为是出于对铁路、飞机一类东西的需要导致了对科学的追求。实际却并非如此。当前所谓进步的中国人为了铁路、飞机去追求科学,他们永远也无法懂得科学的真谛。在欧洲历史上,那些真正献身科学、为科学进步而努力的人们,那些使修筑铁路、制造飞机成为可能的人们,他们最初就根本没有想过铁路和飞机。他们献身科学并为科学进步做出贡献,是因为他们的心灵渴望探求这广袤宇宙那可怕的神秘。人们之所以需要宗教、科学、艺术乃至哲学,都是因为人有心灵。不像野兽仅留意眼前,人类还需要回忆历史、展望未来——这就使人感到有必要懂得大自然的奥秘。在弄清宇宙的性质和自然法则之前,人类就如同处在黑屋之中的孩子,感到危险和恐惧,对任何事情都难以把握。正如一个英国诗人所言,大自然的神秘啊，沉重地压迫着人们。因此，人们需要科学、艺术和哲学，出于同样的原因，也需要宗教，以便减轻神秘的大自然、这个难以理解的世界所带来的重压。

艺术和诗歌能够使艺术家和诗人发现大自然的美妙及宇宙的法则，从而减轻了他们所承受的压力。因此诗人歌德曾这样说过："谁拥有了艺术，谁就拥有了宗教。"所以，艺术家们不需要宗教。哲学能够使哲学家懂得宇宙的法则和秩序，从而缓解了这种神秘所带来的压力。因此，对像斯宾诺莎那样的哲学家来说，智力生活的极致便是一种转移，正如对于圣徒来说宗教生活的极致是一种转移一样。所以他们不感到需要宗教。最后，科学也能够令科学家认识宇宙的奥秘和秩序，使来自神秘自然的压力得以减轻。因此，像达尔文和海克尔[1]教授那样的科学家也不感到需要宗教。

但对于大多数人来说，他们既不是诗人和艺术家，也不是哲人和科学家，而是一群凡夫俗子。对于他们来说，生活充满了困苦，每时每刻都要经受着各种事故的打击，既有来自自然界的恐怖暴力，也有来自同胞的冷酷无情。有什么东西能够帮助人类减轻这个神秘莫测的世界所造成的重压？唯有宗教。但宗教又是如何起作用的呢？我认为宗教给人以安全感和永恒感。在自然力的恫吓下，在冷酷无情的同胞面前，在令人恐怖

---

[1] 恩斯特·海克尔（1834—1919）：德国博物学家，进化论支持者。著有《自然创造史》《人类的发生或人的进化史》等书。

◎ 恩斯特·海克尔

的大自然的神秘感的驱使下,普通百姓们转而求助于宗教——在这个避难所里他们找到了安全感。他们确信有一个超自然之物以绝对权力控制着那些给予他们打击的力量。此外,现实中那永恒的变换、人生的变故——从出生,经儿童、青年、老年直至死亡,这些神秘的、不确定的现象,同样使人们需要一个避风港——在那里他们得到了永恒感,确定对于来世的信念。在这个意义上,我认为宗教使那些既非诗人、艺术家,也非哲学家和科学家的百姓们得到了安全感和永恒感,从而减轻了这个世界给他们造成的压力。耶稣说过:"我赐给你安宁,这种安宁,世界不能给予你,也无法将它从你身上剥夺。"这就是我所说的宗教给予众生的安全感和永恒感。因此,除非你能找到像宗教那样能给众生以同样的安全感和永恒感的东西,否则芸芸众生将永远需要宗教。

但是我曾说过,儒学不是宗教却能取代宗教。因此,在儒学中必定存在像宗教那样能给众生以安全感和永恒感的东西。现在,我们就来探寻一下,儒学中这种能给众生以安全感和永恒感的东西究竟是什么。

常常有人问我:孔子对中华民族的贡献何在?我本可以告诉你们许多关于孔子的贡献,但今天由于时间的关系,我只能将孔子最重要也是最主要的一个贡献告诉诸位。孔子自己曾说:"知我者其唯《春秋》乎?"当我对此加以解释之后,诸位就会明白儒学何以能像宗教那样给人安全感和永恒感。为了

◎《春秋公羊疏》宋刻元修本

将这个问题解释清楚,请允许我先对孔子及其生平做一简要说明。

正如在座诸位中不少人所知道的那样,孔子生活在中国历史上的春秋时期——那时封建时代已进入末期。半宗法式的社会秩序和统治方式必须扩展和重建。这种巨大的变化不仅必然带来了世界的无序,而且造成了人们思想的混乱。我曾说在中国二千五百年的文明史中,没有心灵与头脑的冲突。但我现在必须告诉诸位,在孔子生活的时代里,中国也同现在的欧洲一样,人们的心灵与头脑曾发生过可怕的冲突。生活在孔子时代的中国人拥有一套庞大的制度体系。确立的事物、公认的教义风俗和法律——事实上,拥有一套他们从祖先那里继承下来的社会制度和文明。然而,他们的生活却不得不发生变化。他们开始感到这种制度不是他们的创造,它与他们的实际生活决不相应,只是惯例的沿袭而非理性的选择。中国人在二千五百年前的觉醒,探寻事件的因果,这无异于欧洲所谓的现代精神——自由主义精神,追寻事物因果的探索精神。有着这种现代精神的中国人,认识到传统的社会秩序和文明与现实生活已不甚相符,他们不仅要建立新的社会秩序和文明,而且还要为之寻找一个基础。但是在中国,为这个新秩序和文明寻找基础的尝试均告失败。有的满足了人的头脑——满足了中国人理性的需要,但未能使人的心灵得到抚慰。有的满足了心灵的渴望,却又忽略了头脑的需求。与今日的欧洲相同,在重建秩序和文明的过程中,二千五百年前的中国人也发生了心灵与头脑的冲突。这种冲突使中国人对一切文明感到了厌倦,在极度痛苦与绝望中产生了对文明的不满,他们试图灭绝一切文明。比如中国的老子就仿佛今天欧洲的托尔斯泰,他看到了心脑冲突给人类造成的不幸后果,认为所有的社会制度与文明均有根本性的错误。于是,老子和庄子(后者为老子的得意门生)就告诉中国人应该抛弃所有文明。老子对中国人说:"放弃你所有的一切,跟随我到山中去当隐士,过一种真正的生活——一种心灵的生活、不朽的生活。"

然而,同样是看到了社会与文明造成的苦难和牺牲,孔子却认为错误不在于社会与文明本身,而在于这个社会与文明的发展方向上,在于人们为这个社会与文明打下了错误的基础。孔子告诉中国人不要抛弃他们的文明——在一个有着真实基础的社会与文明中,人们同样能够过上真正的生活、过着心灵的生活。实际上孔子毕生都致力于为社会和文明规定一个正确的发展方向,给它一个真实的基础,并阻止文明的毁灭。但在他的晚年,当他已经意识到无法阻止文明毁灭的时候——他还能够干些什么呢?作为一个建筑师,看到他的房子起火了,屋子在燃烧、坍塌,他已明白无法保住房子了。那么他能够做的一件事就是抢救出房子的设计图。这样就有可能日后重建房屋。因此,当孔子看到中国文明这一建筑已不可避免地趋于毁灭时,他自认只能抢救出一些图纸。这些被抢救出来的东西现

◎ 赫伯特·斯宾塞

在被保存在中国古老的经书中——即著名的五经之中。因此我认为孔子对中华民族的一大贡献，在于他抢救出了中国文明的蓝图。

孔子抢救出中国文明的蓝图是对中华民族的一大贡献，但这还不是最大的贡献。孔子的最大贡献是按照文明的蓝图做了新的综合与阐发。经过他的阐发，中国人民拥有了一个真正的国家观念——为国家奠定了一个真实的、合理的、永久的、绝对的基础。

然而，古代的柏拉图、亚里士多德和近代的卢梭、斯宾塞[1]同样对文明做过新的综合，并试图给予人们一个真正的国家观念。那么这些欧洲大哲学家们的理论体系与儒家的文化哲学、道德规范有何不同呢？我认为不同之处就在于，欧洲哲人们未能将其学说变为宗教或等同于宗教，其哲学并没有被普通民众所接受。相反，儒学在中国则为整个民族所接受，它成了宗教或准宗教。我这里是就广义而言，而非欧洲人所指的狭义宗教。歌德说过："Nur Saemtliche Menschen erken-nen die Natur; nur saemtliche Menschen leben das Men-schliche。"（唯有民众懂得什么是真正的生活时，唯有民众过着真正人的生活。）就广义而言，我们所说的宗教是指带有行为规范的教育系统，

1　赫伯特·斯宾塞：英国哲学家、社会学家、教育家。"社会达尔文主义之父"，所提出的一套学说把进化理论适者生存应用在社会学上尤其是教育及阶级斗争，是在理论上阐述进化论的英国哲学先驱。

它是被许多人所接受并遵守的准则，或者说至少是为一个民族中的大多数人所接受并遵守的准则。就此而言，基督教、佛教是宗教，儒学也是宗教。因为正如你们所知，儒学在中国已得到了全民的信仰，它的规范为全民族所遵从。相反，哲学家柏拉图、亚里士多德、卢梭、斯宾塞的学说即使是在广义上说也未能成为宗教。这就是欧洲哲学与儒学最大的不同——一个是仅为学者所研究的哲学，另一个则不仅是学者所研究的哲学，而且得到中华民族的信仰，成为宗教或相当于宗教的东西。

就广义而言，我认为儒学、基督教、佛教同为宗教。但诸位也许还记得，我曾说儒学并非欧洲人所谓的宗教。那么二者之间有何区别呢？显然，从起源上看，一个有超自然的因素，另一个则没有。但除此之外，儒学与欧洲人心目中的宗教如基督教、佛教仍有不同。这不同之处就在于，欧洲意义上的宗教是教导人们做一个善良的（个）人，儒教，则更进一步，教导人们去做一个善良的公民。基督教的教义这样发问：人的主要目的是什么？而儒教教义却是这般提醒：公民的主要目的是什么？儒教认为没有个人的生活，作为个人，他的生活与他人及国家密切相关。关于人生的目的，基督教的答案是"给上帝增光"。儒教则认为人生的主要目的，是做一个孝顺的儿子和善良的公民。在《论语》这样一部记述孔子言行的著作中，孔子的弟子有若曾引述孔子的论述，说道："君子务本，本立而道生。孝悌也者，其为仁之本欤！"[1]总之，欧洲人心目中的宗教，企图使每一个人都变成一个完人、一个圣者、一个佛陀和一个天使。相反，儒教却仅仅限于使人成为一个好的百姓，一个孝子良民而已。换言之，欧洲人的宗教会这么说——"如果你要信教，你就一定要成为一个圣徒、一个佛陀和天使。"而儒教则言道——"如果你能够像孝顺的儿子和善良的臣民那样生活，你就入了教。"

实际上，儒教与欧洲人心目中的宗教如基督教、佛教之间真正的不同在于：一个是个人的宗教或称教堂宗教，另一个则是社会的宗教或称国教。我说孔子对中华民族最大的贡献，是给予了人们真正的国家观念。孔子正是为了赋予人们真正的国家观念而创立了儒教。在欧洲，政治成了一门科学，而在中国，自孔子以来，政治则成为一种宗教。简言之，孔子对中华民族最大的贡献，即在于他给了人们一个社会宗教或称为国教。孔子的宗教思想反映在他晚年的一部著作中，书名为《春秋》。之所以如此取名，是因为该书揭示了国家治乱的根源——道德。国家的兴衰就仿佛季节中春与秋的变化。和卡莱尔所撰的小册子一样，《春秋》也可以被视为中国的编年史。在这部书中，孔子描述了腐败的国家、衰落的文明所带来的苦

---

[1] 关于这句话，辜鸿铭的译文与原文略有出入，他译成："君子务本——把人生的基础打好了，智慧信仰也就会随之产生。像一个孝子良民那样生活，难道不正是人生的基础吗？这难道不是一个君子最主要的人生目的吗？"

难与不幸，指出问题的根源在于人们没有一个正确的国家观念，对自己的责任没有正确的认识——他们不懂得个人应该服从国家、忠于君主。在某种意义上说，孔子在书中宣传的是君权神授的主张。我知道在座诸位绝大多数是相信君权神授的。我并不想就这个问题与诸位展开讨论。我只希望诸位等我把话讲完后再下结论不迟。同时请允许我在此引述一句卡莱尔的名言："君权对于我们来说，若不是神圣的权利，就是魔鬼般的罪恶。"在我们讨论君权神授这个问题时，我请诸位牢记并深思这句名言。

在《春秋》这部书里，孔子教导人们，人类社会的所有关系之中，除了利害这种基本动机外，还有一种更为高尚的动机影响着人们的行为，这就是责任。在人类社会所有关系中，最重要的就是责任。一个国家或民族的民与君之间也存在这种高尚的责任动机，并使他们的行为受到了影响和激励。然而，这种责任的合理的基础又是什么呢？在孔子以前的封建时代，是一种宗法的社会秩序和统治的形式，当时的国家就是或大或小的宗族。人民无需去弄清并确定他们国家的责任，因为他们的所有成员都属于一个氏族或宗族。血缘关系或天伦已足使他们服从国王，而国王也就是氏族或宗族中的长辈。但是到了孔子的时代，封建时代已经到了末期，国家已经超出了宗族的范围，臣民也不再仅仅限于氏族或宗族的成员。因此民对君的责任关系就需要有一个新的、明确的、合理的、坚实的基础。那么，孔子又为这种责任找到了一个怎样的新基础呢？这个新基础便是名分。

去年我在日本时，日本前文部大臣菊池男爵从《春秋》一书中找出四个字让我翻译，这四个字就是"名分大义"。我将其译为有关名誉与责任的重大原则。儒教与其他宗教的本质区别也正在于此。在中文里，"教"也常用来指代别的宗教，如佛教、伊斯兰教和基督教。但是儒学则称为名教——名誉的宗教。孔子教诲中的另一个词是"君子之道"，理雅各将其译为"上等人的行为方式"。它最接近于欧洲人语言中的道德法则——照字面直译为君子法。实际上，孔子全部的哲学体系和道德教诲可以归纳为一句，即"君子之道"。孔子将这一思想编纂成典并使之成为宗教——国教。国教中最重要的思想就是"名分大义"——关于名誉与责任的原则——或许可以称之为"名誉大法典"。

孔子在国教中教导人们，君子之道、人的廉耻感不仅是一个国家，而且是所有社会和文明的合理的、永久的、绝对的基础，除此之外，别无其他。我想诸位，甚至那些认为政治毫无道德可言的人也会承认，廉耻感对于人类社会是多么的重要。但我不知诸位是否都知道，为了使社会的每一部分都得以运转，廉耻感不仅是重要的，而且是绝对必需的。正如谚语所说："窃贼亦有廉耻之心。"人丧失了廉耻，所有的社会与文明就会在顷刻间崩溃。诸位能否允许我对此加以说明？让我们来举个例子，就拿社会生活中一件微不足道的小事赌博来说吧。当大家在一起赌钱时，如果没有廉耻感的约束，使输者付钱的话，那么赌博立刻就无法进行下去了。再以商人为例，如果没有廉耻感使他们去履行契约的话，那么所有的贸易将立刻被迫停止。或许你会说，商人拒绝践约，可以诉之法院。此话极是。但如果当地没有法院又该如何？即使有法院，法院又当如何迫使商人践约？只有依靠暴力。实际上，人没有了廉耻感，社会就只能依靠暴力来维持一段短暂的时间。但我可以证明，暴力无法使一个社会长治久安。警察靠暴力迫使商人履行合同。但法官、政府官员或共和国总统又是如何使警察恪尽职守的呢？当然不再是暴力。那么又是什么呢？或是靠警察的廉耻感，或是利用欺骗。

我很遗憾，在当今世界甚至在当今的中国——律师、政客、政府和国家总统都是在使用欺骗手段使警察尽职。他们告诉警察：为了社会和国家的利益，他必须忠于职守；对警察而言，那种社会的利益仅意味着他可以按时领到薪水，使家属不致死于饥饿。共和国的律师、政客或总统如此告诫警察，我认为用的诈术。我之所以认为它是一种欺诈，是因为对警察而言，这种国家的利益只意味着每星期15个先令[1]的薪水，意味着他和他的亲属刚刚免于饿死。而对那些律师、政客、官员和

---

[1] 先令，英国的旧货币单位，1英镑=20先令，1先令=12便士，1971年英国货币改革时废除。先令也是奥地利的旧货币单位，肯尼亚、索马里、乌干达、坦桑尼亚的货币单位。

总统来说则意味着每年2万英镑的高薪，意味着豪华住宅、电灯、汽车以及其他舒适、侈奢之物，意味着成千上万人的血汗供他们享用。我之所以认为它是一种欺诈，是因为全社会没有形成对廉耻感的公认——这种廉耻感能够使输牌的赌徒付出口袋里的最后一个便士。没有这种廉耻感，财富的转让和占有造成了社会的贫富不均，这就像赌桌上钱的转让一样，没有什么道理可言，也没有什么约束力量。然而，那些律师、政客、官员及总统，虽然侈谈着社会和国家的利益，但他们实际真正依靠的仍然是警察潜意识中的廉耻感。这种廉耻感不仅使警察忠于职守，而且使之尊重他人的财产权并安于每星期15先令的现状。而与此同时，律师、政客、总统们却坐享着每年2万英镑的收入。我说他们欺诈，是因为当他们要求警察应该有廉耻感的同时，自身却公开声称政治无道德可言，并充当了毫无廉耻感的榜样。

诸位一定还记得我曾引用过的卡莱尔的那句名言："君权对于我们来说，若不是一种神圣的权利，就是一种魔鬼般的罪恶。"在现代社会中，律师、政客、官员和总统之欺诈，便是卡莱尔所说的魔鬼般的罪恶。现代社会公职人员的欺诈和伪善，使得他们一面声称政治无道德可言，一面又在动听地大谈什么社会之安，国家之善。如同卡莱尔所言，"正是这种伪善的耶稣会主义导致了普遍的苦难、兵变、谵妄，无套裤汉暴动的狂热和复活暴政的冷酷。数以千万计人的畜牲般的堕落，以

◎ 英国1950年1先令镍币

及团体组织的轻薄。"这一切,乃是我们所见到的现代社会的真实写照。一言以蔽之,正是这种欺诈与暴力的结合——耶稣会主义与军国主义的携手,律师与警察的合作,造就了现代社会的无政府主义者与无政府主义。这种践踏道德的暴力和欺诈的结合,使人产生了疯狂,这种疯狂促使无政府主义者向共和国的律师、政客、官员和总统投掷炸弹。

事实上,如果一个社会、一个人丧失了廉耻,政治没有了道德,那么我敢说这个社会最终是无法维持下去的。因为在那样一个社会里,律师、政客、官员、总统靠欺诈的手段指挥警察来维持社会。警察被告知必须为社会而忠于职守。但是警察终将扪心自问:他自己、这个可怜的警察也是社会的一部分——毕竟,他和他的家庭还是社会最重要的一部分。现在如果有什么别的工作比当警察好,或许充当反抗警察的人能够使他挣得更多的钞票,以改善自身和家庭的状况,那么这同样也可以说是为了社会的利益。如此一来,警察早晚会得出这样一个结论:既然政治已全无廉耻与道德可言,既然社会之善就只意味着个人获取更高的薪水,那么还有什么理由可以阻止他为了赚钱而放弃警察的身份,成为一个革命党徒或无政府主义者?一旦警察得出这样的结论——为了更多的收入而应该成为革命党徒或无政府主义者,那么这个社会也就到了毁灭的时候了。孟子说:"孔子成《春秋》,而乱臣贼子惧。"——在书中,孔子宣传了他的国教思想,并描述了当时的社会景象——就仿佛像今日世界一般，人们的廉耻丧尽，政治亦无道德可言。

我们现在还是言归正传。我认为如果一个社会没有廉耻感，那么它最终是无法维持下去的。因为正如我们所看到的那样，在社会生活中，即使是赌博、经商这一类的小事，廉耻感都是如此重要和必不可少，那么对于人类已经建立起来的两个最基本的制度：家庭与国家来说，廉耻感更是何等的重要和不可或缺。众所周知，所有民族的文明史总是始于婚姻制度的确立，在欧洲，教堂宗教使婚姻成了圣事，即成为宗教的、神圣的事物。对这种神圣婚姻的约束是来自教会、来自上帝的权威。但这只是一个表面现象，换句话说，这只是外在的法律约束。对这种神圣婚姻真正的、内在的约束——正如我们在那些没有教堂宗教的国家所见到的那样，是廉耻感和君子之道。孔子说过："君子之道，造端乎夫妇。"换言之，在所有的文明国度里，有了廉耻感和君子之道才有了婚姻，有了婚姻制度方才有了家庭。

我曾说孔子所传的国教是一部名誉法典，而且指出它来源于君子之道。但现在我还必须告诉诸位，在距孔子很遥远的时代里，就已经有了尚不十分明确、未诉诸文字的君子法，也就是大家所知道的有关于礼节、礼貌得体的行为方式的礼教。后来，中国出现了一个伟大的政治家，中国法律的缔造者，即人们通常所说的周公。他制订并确立了形成文字的君子法，即关于得体的行为方式的法律。这部由周公制订的第一部形成文字的君子法为著名的周礼——周公之礼。它或许可以被视为中国的前儒教（Preconfucian religion），或者，像前基督教被称之为犹太民族的摩西法律[1]一样，可以将这种前儒教称之为中华民族的旧制宗教（Religion of the old Dispensation）。正是周礼这中国人的旧制宗教——这一部首次形成文字的君子法，第一次给予了中国人的婚姻以神圣的、不可动摇的约束。中国人从此将神圣的婚姻称之为周公之礼——周公制订的关于良好的行为方式的法律。这种神圣的婚姻制度，这个前儒教，使中国人建立了家庭制度，并令中国人的家庭得到了巩固和持久地维系。或许可以将这个前儒教、周公的君子法称为家庭宗教，以区别于孔子后来所传的国教。

相对于家庭宗教而言，孔子在其所传的国教中创立了一个新的制度。换言之，孔子在其国教中，对君子之道的内容有了更广泛、更丰富的阐发。他创立的新的神圣制度不再被称之为礼——关于良好行为方式的法律，而是称之为名分大义。我将其翻译为有关名誉与责任的重要法则或名誉法。孔子所创的以名分大义为主旨的国教，取代了从前的家庭宗教，成为了中国人的信仰。

在旧的制度下，家庭宗教使妻子和丈夫受到神圣婚誓的约束——遵守他们神圣的婚约。同样，在孔子所创的新的国教制

---

[1] 出现在《圣经·旧约全书》前五卷中。

度下，中国人民和他们的帝王都要受到新的圣物即名分大义的约束——这部有关名誉和责任的重大法则或称为名誉法典，是由君臣共同遵守、神圣而不可侵犯的契约。简言之，昔日周公是严婚姻之礼，孔子的名分或名誉法典所确立的则是忠诚之道。因此我认为孔子给予人们一个新的，内容更广泛、更丰富的君子法。相对于我说过的家庭宗教而言，孔子在中国建立了一个新的制度，并使之成为国家宗教。

换句话说，正像在从前的家庭宗教里订下了对婚姻的誓约一样，在孔子的国教中则订下了关于忠诚的神圣誓约。家庭宗教中婚姻誓约的确立，使得妻子绝对地忠诚于丈夫。同样，孔子传授的国教对忠诚的誓约即名分大义的确立，使得中国人民绝对地效忠于皇帝。国教的这种关于忠诚的誓约，或许可以称之为忠诚之道。你们也许还记得，我曾说过孔子在某种程度上是主张君权神授的。其实，与其说孔子主张君权神授，不如更确切地说孔子强调的是忠诚的神圣性。欧洲的君权神授理论，以超自然的上帝或深奥的哲学来解释君权的神圣。然而在中国，孔子教育人民绝对地效忠于皇帝，其约束力却是来源于君子之道——来源于人的廉耻感。在所有的国家里，正是这种廉耻感使得妻子忠实于自己的丈夫。事实上，孔子关于对君王绝对忠诚的理论，仅来源于简单的廉耻感，这种廉耻感使商人信守诺言、履行合同，使赌徒按规则行赌，并偿还他的债务。

我在谈到家庭宗教时曾经指出：中国这种旧的宗教制度和

所有国家中的教堂宗教，规定了婚约的神圣和不可侵犯，从而使家庭制度得以确立。同样，我所说的孔子所传授的国教，则规定了忠诚的神圣性，进而确立了国家制度。在这个世界上，如果说首创家庭宗教、确立神圣的婚姻制度，可以被认为是对人类和文明事业的伟大贡献，那么，我认为你就会理解，孔子创立国家宗教、确立忠诚之道是一项多么伟大的工作。神圣的婚姻巩固了家庭，使之得到长久的维系，没有了它，人类便将会灭绝。忠诚之道则巩固了国家，使之长存不朽，没有了它，人类社会和文明都将遭到毁灭，人类自身也将退化成野蛮人或是动物。因此，我说孔子对中国人民最伟大的贡献是给予中国人一个真正的国家观念——一个有着真实的、合理的、不朽的、完善基础的国家观念，并且给中国人创立了一个宗教——国家宗教。

正如我曾经说过的那样，孔子是在他晚年所著的一部书中传授了这一宗教。他将这部书取名为《春秋》。在这部书中，孔子首次确立了忠诚之道，称之为春秋名分大义，或简称为春秋大义。孔子的这部传授忠诚之道的著作，就是中华民族的大宪章。它使全中国人民和整个国家绝对地效忠于皇帝。这种神圣的契约、这部名誉法典，不仅是中国的政府，而且是中国文明的唯一一部真实的宪法。孔子说过，后人将通过这部书来了解他——了解他曾为这个世界做过些什么。（知我者其唯《春秋》乎？）

我恐怕谈得太多，已经有些离题了。现在让我们言归正传。记得我曾说过，芸芸众生之所以总是感到需要宗教——我指的是欧洲意义上的宗教——是因为宗教可以为他们提供一个避难所。通过对一个全能之物即上帝的信仰，他们可以为自己找到一种安全感和永恒感。但是我也曾说过，孔子的哲学体系和道德学说，即著名的儒教，能够取代宗教，能够使人们甚至使大众不再需要宗教。那么在儒教之中，必定有一种东西同宗教一样，能够给人们以安全感和永恒感。这就是孔子在其国教中给予中华民族的忠诚之道——对于皇帝的绝对忠诚。

由于这种忠诚之道的影响，在中华帝国的每个男人、妇女和儿童的心目中，皇帝被赋予了绝对的、超自然和全能的力量。而正是这种对绝对的、超自然的、全能的皇权信仰，给予了中国人民一种安全感，就像其他国家的大众从信奉上帝而得到的安全感一样。对绝对的、超自然的、全能的皇权的信仰，也使得中国人民形成了国家是绝对牢固和永恒的思想。这种国家是绝对牢固和永恒的认识，又使人们体会到社会发展无限的连续性和持久性，并由此最终使中国人民感受到了族类的不朽。族类不朽的意识起源于对全能皇权的信仰，对全能皇权的信仰产生了忠诚之道。因此，在其他国家中，是信仰来世的宗教给予了大众以永恒感，而在中国，这种永恒感则来自忠诚之道。

进一步说，正如孔子所传授的忠诚之道，使人们在国家方面感受到民族的永生,同样,儒教所宣传的祖先崇拜,又使人们在家庭中体认到族类的不朽。事实上,中国的祖先崇拜与其说是建立在对来世的信仰之上,不如说是建立在对族类不朽的信仰之上。当一个中国人临死的时候,他并不是靠相信还有来生而得到安慰,而是相信他的子子孙孙都将记住他、思念他、热爱他,直到永远。在中国人的想象中,死亡就仿佛是将要开始的一次极漫长的旅行,在幽冥之中或许还有与亲人重逢的可能。因此,儒教中的祖先崇拜和忠诚之道,使中国人民在活着的时候得到了生存的永恒感,而当他们面临死亡时,又由此得到了慰藉。在其他国家中,这种对大众的慰藉则是来自信仰来世的宗教。中国人民对祖先的崇拜与对皇帝的效忠具有同等重要的意义,原因正在于此。孟子说:"不孝有三,无后为大。"因此,反映在国教之中的孔子的教育体系,其实只包含了两项内容:对皇帝尽忠、对父母尽孝——即中国人的忠孝。事实上,在中国的儒教或国教之中,有三项最基本的信仰,在中国被称之为三纲。按照重要性其排列的顺序是:首先,绝对效忠于皇帝;其次,孝顺父母、崇拜祖先;第三,婚姻神圣,妻子绝对服从丈夫。三纲中的后两项,在我说过的家庭宗教,或称之为孔子之前的旧的宗教制度中,就已经具有相同的内容。但是三纲之首——绝对效忠于皇帝,则是由孔子首次阐发,并规定于他创立的国教即新的宗教制度之中的。这儒教中的第一信条——绝对效忠于皇帝——取代了并且等同于其他任何宗教中的第一信条——对上帝的信仰。正因为儒教之中有了这种相当于信仰上帝的内容，所以它能够取代宗教，使中国人民，甚至是普通群众也没有感到有宗教的需要。

但是现在你或许会问，通过对上帝的信仰，利用上帝的权威，可以使人们服从并遵守宗教的道德规范。而没有了对上帝的信仰，只是绝对效忠皇帝，又怎么能够使人们、使普通群众服从并遵守孔子所传授的道德规范？在回答这个问题之前，请允许我首先指出你们有一个极大的误解，即认为使人们遵从道德规范的约束力是来自于上帝的权威。我告诉你们，在欧洲，神圣不可侵犯的婚姻要由教堂来认可，教堂声称，对婚姻的约束力来自于上帝。但我说这只是一个表面现象。正如我们在所有没有教堂宗教的国家所看到的那样，神圣婚姻的内在约束力是男人和女人自身的廉耻感和君子之道。因此，使人们遵从道德规范的真正权威，是人们的道德感、是君子之道。所以，信仰上帝并非人们遵守道德规范的必要条件。

正是基于这样一个事实，使得上个世纪的怀疑论者伏尔泰和汤姆·潘恩，以及当代的理性主义者海勒姆·马克希姆（Hiram Maxim）先生指责道：对上帝的信仰，是始于宗教创始人，并由神父们继续下去的一种欺诈行为。然而，这是一种下流的、荒谬的诽谤。所有伟人，所有富有智慧的人们，通常都信仰上帝。孔子也信奉上帝，虽然他很少提及它。甚至像拿破仑这样富于智慧的豪杰，也同样信奉上帝。正如赞美诗的作者所言:"只有傻瓜——思想卑劣、肤浅的人才会在心中说,'根本没有上帝'。"然而,富于智慧的人们,其心中的上帝有别于常人。他们对上帝的信仰,就是斯宾诺莎所说的对神圣的宇宙秩序的信仰。孔子曾说过:"五十而知天命。"——懂得神圣的宇宙秩序。富于智慧的人们为这种宇宙秩序起了不同的名称。德国哲学家费希特称之神圣的宇宙观。在中国的哲学语言中,它被称之为"道"。但是无论被赋予了什么名字,它只是一种关于神圣的宇宙秩序的知识。这种知识使富于智慧的人们认识到,道德规范或"道"属于宇宙秩序的一部分,所以必须遵守。

因此,虽然信奉上帝不是人们服从道德规范的必要条件,但是信奉上帝对于使人们认识到服从道德规范的绝对必要性,却是必不可少的。正是这种对宇宙秩序的认识,使得那些富于智慧的人们服从并遵守了道德规范。孔子说:"一个没有天命知识的人,即不懂得神圣的宇宙秩序的人,是无法成为君子的。"(不知命,无以为君子也)然而,那些不具备如此智慧的大众们无法领会神圣的宇宙秩序,因此也就不懂得必须遵守道德规范。正如马太·阿诺德所言:"只有在领会了道德规范之后,才能够严格地遵守它。而大众既无理解道德规范的智力,亦无遵守道德规范的能力。"正是由于这个原因,柏拉图、亚里士多德以及赫伯特·斯宾塞所宣传的哲学和道德学说,只对学者具有价值和意义。

但是，宗教的价值和意义则在于，它能够使普遍大众服从并严格地遵守道德规范。然而宗教又是如何做到这一点的呢？人们猜想是由于宗教教人信奉上帝使然。但是，正如我已经证明的那样，这是一个极大的误解。使人们从道或服从道德的权威只有一个，那就是人们自身的道德感，即君子之道。孔子曾说过："道也者，不可须臾离也，可离非道也。"基督也说："上帝就在你的心中。"因此，以为使人服从道德规范的力量来自信仰上帝，这是错误的。马丁·路德在评述一部希伯莱预言著作时说过："上帝不过是人们心中忠诚、信义、希望和慈爱之所在，心中有了忠诚、信义、希望和慈爱，上帝就是真实的，相反，上帝则成为虚幻。"因此，宗教所宣传的上帝，不过是人们心灵的一种依靠和慰藉。人们信奉上帝，信仰神圣的宇宙秩序，便拥有了一份忠诚和信义。这份忠诚和信义促使人们遵从规范。就像我曾说过的那样，对上帝的信仰，使大众获得了一种安全感和永恒感。

但是，如果说对上帝的信仰只是促使人们服从道德规范，那么它主要依据的又是什么？是神的启示。马太·阿诺德曾说过："无论何种宗教，无论是使徒保罗还是异教徒，都主张必须靠神的启示，靠激发人们生命的感情来完善道德。"那么，这种神的启示或人们生命的感情又是什么呢？

我曾告诉过诸位，孔子整个的教育思想体系或许可以被归纳为一句话：君子之道。孔子称君子之道是个秘密。孔子说：

酒逢知己

甲午年生 鐵華

"君子之道无处不在,但它仍然是一个秘密。"(君子之道费而隐)然而,孔子还说过:"甚至愚夫愚妇亦能够对这个秘密有所了解,他们也能够奉行君子之道。"(夫妇之愚可以与知焉)同样知道这一秘密的歌德,就把它——君子之道,称为"公开的秘密"。那么,人类是在何处、又是怎样发现了这一秘密的呢?诸位想必还记得,我曾说过,对君子之道的认识始于对夫妻关系的认识。歌德所谓的"公开的秘密",孔子所说的君子之道,首先是被夫妇们所发现的。但是,他们又是如何发现了这一秘密——发现孔子的君子之道的呢?

我曾经告诉过你们,在欧洲语言中,与孔子的君子之道意义最相近的是道德法。但是孔子的君子之道与道德法还是有区别的——我指的是哲学家、伦理学家们的道德法与宗教家的道德法之间的差别。为了弄懂孔子的君子之道与哲学家、伦理学家的道德法有何不同,让我们首先找出后者与宗教家道德法之间的差异。

哲学家的道德法告诉我们,我们必须服从称之为"理性"的人之性。但是,理性通常被理解为一种思维推理的力量,它是人头脑中的一个缓慢的思维过程,可以使我们区分和认知事物外形可定义的特征。因此,在道德关系方面,理性即我们的思维能力,只能帮助我们认识是非或公正的那些可以名状的特征,诸如习俗惯例、德行,它们被正确地称之为外在的行为方式和僵死的形式,即躯壳;至于是非或公正的那些无法名状的、活生生的绝对的本质，或者说公正的生命与灵魂，单是理性，我们的思维能力是无能为力的。因此，老子说："道可道，非常道；名可名，非常名。"伦理学家告诉我们：我们必须服从人之性，即服从我们的良心。然而正如希伯莱圣经中的圣人所言："人心充满着各种欲念。"因此，当我们把良心视作人之性而加以服从时，我们易于服从的往往并非我称之为"公正"的灵魂、公正那无法名状的绝对本质，而恰恰是充满欲念的人心。

换言之，宗教教我们服从的人之性，是我们必须服从的人之真性。这种本性既不是圣·保罗所说的世俗或肉体之性，亦非奥古斯特·孔德的著名弟子利特（Littre）先生所说的人类自我保护和繁衍的本性。这种人之真性是圣·保罗所说的灵魂之性，也就是孔子所言的君子之道。简言之，宗教告诉我们必须服从自己的真正本性，这个本性就是基督所说的我们心中的上帝。于是我们就可以理解，正如孔子所言的，宗教还是一种精神化的东西，是比哲学家和伦理家的道德法则远为深刻的法则。基督也曾说过："除非你比法律学家和法利赛人[1]更为正直（或道德），否则你根本进不了天堂。"法利赛人是古犹太教一个派别的成员，墨守传统礼仪，基督教《圣经》称其为泥于形式的、言行不一的伪善者。

1　这里指哲学家和伦理学家。

同宗教一样，孔子的君子之道也是一种比哲学家和伦理家的道德法则远为深刻的法则。哲学家和伦理学家的道德法则要求我们必须服从自己的理性和良心。然而，孔子的君子之道则同宗教一样，要求我们服从自己真正的本性。这种本性绝非庸众身上的粗俗、卑劣之性。它是爱默生所说的一种至诚之性。事实上，要懂得何为君子之道，我们就必须首先成为一个君子，具备爱默生所说的至诚之性，并且进一步发挥自身这一天性。因此孔子曰："人能弘道，非道弘人。"

然而孔子还说过：如果我们学习并试图拥有君子之道的优美情趣和得体的举止，那么我们就可以理解何为君子之道。中国人的"礼"在孔子的学说中有着各式各样的含义。它可以是礼仪、礼节和礼貌等，但这个字最好的译法还是"good taste"（文雅、得体、有礼）。当它被运用于道德行为的时候，礼指的就是欧洲语言里的廉耻感。事实上，孔子的君子之道不是别的，正是一种廉耻感。它不像哲学家和伦理学家的道德律令，是关于正确与谬误的形式或程式之枯燥的、没有生命力的死知识，而是像基督教圣经中的正直一样，是对是非或公正，对称作廉耻的公正之生命与灵魂，对那种无法名状的绝对本质之一种本能的、活生生的洞察与把握。

下面，我们能回答这样一个问题了，即人们是如何从夫妻关系中率先发现歌德所谓的秘密，及孔子的君子之道的？人们之所以能够发现君子之道，是因为他们具备了君子美好的情趣和得体的举止,即所谓的廉耻感。这使得他们能够明辨是非,能够把握公正的生命与灵魂那无法名状的绝对本质。但是,他们又是何以拥有了这份美好的情趣、得体的举止或廉耻感的呢?茹伯特的一句话可以对此做出解释。他说:"一个人除非懂得自爱,否则不能公正地对待他的邻居。"因此,是爱使人们明白孔子的君子之道——可以这么说,是男女之爱产生了君子之道,由此,人类不仅建立了社会和文明,而且创建了宗教——确立了对上帝的信仰。你现在可以理解歌德借浮士德浮士德:歌德著名诗剧《浮士德》中的主人公。之口所表达的忏悔了。它是以这样两句开头的:

我们的头顶之上难道不是茫茫的苍天?
我们的脚下岂非是坚实的大地?

我曾经告诉过诸位,并不是对上帝的信仰促使人去遵守道德规范。真正使人服从道德规范的是君子之道——从宗教的角度说,人们服从的是心中的上帝。因此,宗教真正的生命所在是君子之道。反之,对上帝的信仰,以及宗教所规定的各种道德法则都只是宗教的外在形式。宗教的生命与灵魂是君子之道,君子之道由爱而生。人类首先自男女之间学到了爱,但人类之爱并不仅限于男女之爱,它包括了人类所有纯真的感情,这里既有父母与孩子之间的那种亲情,也含有人类对于万事万物所抱有的慈爱、怜悯、同情和仁义之心。事实上，人类所有纯真的情感均可以容纳在一个中国字中，这就是"仁"。在欧洲语言中，古老的基督教术语中的神性（godliness）一词与"仁"的意义最接近。因为"仁"是人所具有的一种神圣的、超凡的品质。在现代术语中，"仁"相当于仁慈、人类之爱，或简称爱。简言之，宗教的灵魂、宗教的感化力的源泉便来自于这个中国字："仁"，来自爱——不管你如何称呼它，在这个世界上，这种爱最初是起自夫妇。宗教的感化力就在于此，这也是宗教中的至上之德。正如我曾说过的那样，宗教正是据此使人服从道德规范或者说是服从"道"（它构成神圣的宇宙秩序的一部分）。孔子说："君子之道始于夫妻关系，将其推到极致，君子之道就支配了天地万物——即整个宇宙。"（君子之道，造端乎夫妇，及其至也，察乎天地。）

现在在我们已经知道，宗教之中存在着一种激情和感染力。但是，这种激情和感染力并非仅存于宗教之中——我指的是教堂宗教。这种激情和感染力能够使人甚至是下愚之人，也服从道德规范而不为名利所动。事实上，每一位稍知廉耻的、自爱的、不为名利所动之人，都可以在其行为中发现这种激情和感染力。我认为这种激情和感染力并非仅存在于宗教之中，但宗教的可贵之处又正在于它具有这种激情和感染力。世界上所有伟大宗教的创始者之所以能够使教义留传后世，原因就在于此。而这一点也正是哲学家和伦理学家的道德说教所无法企及的。正如马太·阿诺德所说：宗教使人领会了道德规范，从而使之易为善。但是，这种感染力和激情并不是只存在于宗教之中，所有的文学巨匠，特别是诗人的作品，也都有着同样的激情或感染力。例如，在我曾引述过的歌德的作品中，也同样富于激情和感染力。然而，不幸的是，这些伟大的作品却无法对大众产生影响，因为这些文学巨匠所使用的文雅的语言，是大众所无法理解的。世界上所有伟大宗教的创始人，大多数没有受过教育，他们讲着平民百姓所喜闻乐见的、朴素明了的语言，从而赢得了大众的爱戴。因此，所有伟大的宗教，其真正价值在于能够把感染力或激情传达给大众。为了弄懂宗教是如何具有了这种感染力或激情的，我们首先要考察一下宗教是怎样产生的。

正如我们所知，世界上所有伟大宗教的创始者，都是性格特殊、感情强烈的人。这使得他们感受到一种强烈的爱，或称之为人类之爱，我曾说过，这种爱使宗教具有了感染力，它是宗教的灵魂。这种强烈的爱或人类之爱，使宗教的创始人们得以把握是非的本质，并将正义的法则与道德的规范相统一。因为他们是一些有着强烈情感的特殊人物，所以他们有着丰富的想象力。这使得他们在不知不觉中把道德规范塑造成了一个人格化的、全能的、超自然之物。这个存在于想象之中的人格化的、全能的、超自然的道德法则，被称之为上帝。他们还坚信，他们所感受到的那种强烈的爱或人类之爱，也是来自于上帝。宗教中的感染力和激情就是这样产生了。这种感染力打动了大众,唤醒了他们的宗教情感,使之对简明扼要的教义奉若神明。然而,宗教的价值不仅仅在它具有能使大众理解、服从规范的感染力和激情。宗教的价值还在于,它拥有一种能够唤醒、激发、鼓舞这种激情的机构,从而使人们感到有必要服从道德规范。在世界所有伟大的宗教中,这个机构被称为教堂。

许多人都以为教堂是用来教人信上帝的。这是一个极大的误解。在现代,这种误解已使得像弗劳德[1]这样诚实的先生对现代基督教的教堂感到了厌恶。他说:"我曾在英国的教堂听过上百次布道,但所听到的要么是教中的圣迹,要么是教士们的传教和使徒的传承等,但是,我从没听到过对基督教最古老的诫律的宣讲,即教人做一个诚实的人,如'不要说谎','不要偷窃'。"在他看来,基督教的教堂应该是劝善讲道的场所。但是,我认为他的看法也是错误的。毫无疑问,建立教堂的目的是为了使人为善、使人遵从道德规范,如"不要说谎"、"不要偷窃"。但是,在世界上所有的伟大的宗教之中,教堂真正的功能是传教而非传道。正如我曾说过的那样,"不要说谎"、"不要偷窃"之类的诫律只是一些僵死的、古板的教条,教堂则要

---

[1] 弗劳德(1818—1894):英国历史学家和作家。卡莱尔的友人和思想的信徒,也是卡莱尔遗嘱指定的处理其文学遗著者之一。曾发表卡莱尔的《回忆》,著有《信仰的因果》《托马斯·卡莱尔——他的一生的前四十年》等作品。

以一种感染力和激情打动人们，使之遵从这些教条。因此，教堂真正的功能不在于劝善，而在于激发人们的为善之念。事实上，教堂是用一种激情来感动人们，使之为善。换句话说，在世界上所有伟大的宗教中，教堂只是一种机构，以它的感染力和激情来唤醒人们，使之服从道德规范。但是，教堂又是如何唤醒并打动人的呢？

众所周知，世界上所有伟大的宗教不仅赋予道德规范以激情和感染力，而且还鼓励人们对教主及使徒进行狂热的个人崇拜。当教主死后，他的门徒为了将这种对教主狂热的、无限的个人崇拜保持下去，于是就建立了教堂。在世界上所有伟大的宗教中，其教堂的起源正在于此。教徒们对教主有一种狂热的、无限的个人崇拜，教堂则不断地激发人们的这种感情，并将其世代保持下去，从而使人们受到感动而服从道德行为规范。准确地说，人们不仅信仰上帝，而且信仰宗教本身，即献出一份忠诚。世界上所有伟大的宗教所以能够使大众服从道德行为规范，其真正的力量、其感染力的源泉正是这种狂热的感情。[1]

讲完这一段长篇大论之后，现在我可以回答你们刚才的问题了。你们问我，如果没有了对上帝的信仰，那么又如何让人服从孔子国教中的道德规范——绝对效忠于皇帝呢？我已经

---

[1] 孟子讲到中国历史上两个最纯洁和最具基督德性的人时说道："故闻伯夷之风者，顽夫廉，懦夫有立志。"（《孟子》卷十）——原注。

向诸位阐明，使人服从道德规范的力量，并非来自宗教所宣传的对上帝的信仰。宗教能够使人服从道德规范，依靠的是一种名为教堂的组织，通过教堂激发人们的感情，使之感到应该遵守道德规范。在回答了诸位的问题之后，接下来我将向你们介绍一下被称为儒教的孔子的教育思想体系。儒教是中国的国教，相当于其他国家的教堂宗教。儒教也利用一种相当于教堂的组织来使人服从道德规范。在中国的儒教里，这个组织就是学校。在中国，学校就是孔子国家宗教里的教堂。正如你们所知，在中文里，宗教与教育所用的是同一个"教"字。事实上，正如教堂在中国就是学校一样，中国的宗教也就意味着教育。与现代欧美的学校不同，中国学校的教育目的和目标不是教人如何谋生、赚钱，而是像教堂宗教那样，传授一些诸如弗劳德先生所说的古老的诫律，如"不要说谎"、"不要偷窃"。实质上，中国的学校是以教人明辨是非为目标的。约翰逊博士说："我们为人处世最重要的是要有道、明是非，其次才是知识的学习和运用。"

然而，我们已经知道，教堂宗教能够使人们服从道德行为规范，靠的是激发人们的热情。这里，中国的学校，与其他国家宗教中的教堂相比，是有所不同的。学校，同其他宗教里的教堂一样，也是通过唤醒、激发人们的热情，使之服从道德行为规范。但是，中国的学校所唤醒的那份感情，与宗教的教堂所激发出那种激情相比，是有所不同的。在中国，学校不是靠鼓励、煽动对孔子狂热的、无限的个人崇拜来激发人们的热情。事实上，孔子在世之时，并没有鼓励弟子对他进行狂热的、无限的个人崇拜。直到他死后，才被人们尊奉为至圣先师，并为世人所熟知。然而，无论是生前还是死后，孔子都没有像教主那样，受到过狂热的、无限的个人崇拜。中国大众对孔子的尊奉，不同于欧洲的群众对耶稣的崇拜。就此而言，孔子不属于宗教创始者那一类人。要成为欧洲意义上的宗教创始者，一个人就必须有着强烈的个性特征。孔子的确是中国商王朝贵族的后裔。商族人有着富于激情的特性，就像希伯来民族一样。但是，孔子又生活在周王朝时期，周人如同古希腊人，富于完美的智力。这样的孔子，如果可以打个比方，他是生在希伯来，具有希伯来民族激情充沛的特性，又在最完美的古希腊智识文化中受到训育，拥有了这一完美文化所能给予的东西。事实上，正如现代欧洲伟大的歌德终将被欧洲人民视为完美的人格楷模，视为欧洲文明所孕育出的"真正的欧洲人"一样，中国人已经公认孔子为一个有着最完美人格的典型，一个诞生于中国文明的"真正的中国人"。因为孔子具有太高的文化素养，所以他不属于宗教创始者那一类人。实际上，孔子生前除了最亲密的弟子之外，他是鲜为人知的。

我认为，学校并不是通过激发人们对孔子的崇拜，来使人服从道德行为规范。那么，中国的学校又是如何激发人们的热情、使之服从道德规范的呢？孔子说："在教育过程中，是以

《诗》进行情感教育,以《礼》进行是非教育,以《乐》完善人的品性。"(兴于诗,立于礼,成于乐。)学校,教人以诗文,培养人美好的感情,使之服从道德行为规范。事实上,正如我曾说过的那样,所有伟大的文学作品都能像宗教一样使人受到感动。马太·阿诺德在谈及荷马及其《史诗》[1]时说:"《史诗》那高尚的思想内容,可以令读者变换气质、受到陶冶。"实质上,在学校,一切文雅、有价值的美好东西都得到了传授。学校让学生不断想着这些美好的事物,自然激发出人之向善的情感,从而自觉地遵守道德规范。

然而,我曾告诉过诸位,像《荷马史诗》这样伟大的文学作品,其影响力并不能达及普通民众。因为这些文学作品所用的文雅的语言,是大众无法理解的。

孔子说:"践其位,行其礼,奏其乐,敬其所尊,爱其所亲,事死如事生,事亡如事存,孝之至也。"又说:"慎终追远,民德归厚矣。"儒教,之所以能够打动人心,使人服从它的规范,原因就在于此。在儒教的各种规范之中,最重要的、最高的规范,就是对君王的绝对的效忠,就像世界上所有宗教均以敬畏上帝为最重要、最高的规范一样。换言之,教堂宗教、基督教说:"敬畏上帝并服从它。"儒教却说:"尊崇君王并效忠他。"基督教说:"如果你想要敬畏上帝并服从它,你就必须先

---

[1] 即《荷马史诗》,荷马史诗包括《伊利亚特》和《奥德赛》两部作品。

◎ 5世纪羊皮纸泥金装饰手抄本《伊利亚特》

爱基督。"儒教则说："如果你想要尊敬君王并忠于他,你就必须先爱父母。"

现在我已经说明了为什么自孔子以来的二千五百年的时间里,中国人没有发生心灵与头脑的冲突,这原因就在于中国的普通百姓感到不需要宗教——我指的是欧洲意义上的宗教。中国人不需要宗教,是因为儒教之中的某些内容可以取代宗教。这就是孔子所传授的绝对的忠君原则,即名誉法典,又称之为名分大义。所以我曾这样说过:孔子对中国人民最伟大的贡献,就是宣传并给予了中国人这个绝对的忠君原则。

我认为有必要就孔子及其对中华民族的贡献再谈一些看法,因为这与我们现在讨论的问题——中国人的精神,是密切相关的。我希望通过这次演说能够使诸位懂得,一个中国人,特别是一个受过教育的中国人,如果背叛了名誉法典,抛弃了忠君之道,即孔子国教中的名分大义,那么,这样一个丧失了民族精神、种族精神的中国人,就不再是一个真正的中国人了。

最后,让我再简要地概括一下我们所讨论的主题——中国人的精神或什么是真正的中国人。我已经向诸位阐明,真正的中国人有着成年人的智能和纯真的赤子之心;中国人的精神是心灵与理智完美结合的产物。如果你研究一下中国的文学艺术作品,那么你就会发现,心灵与理智的和谐,使中国人感到多么的愉悦和满足。马太·阿诺德对《荷马史诗》的一番评价,也极适合于中国文学。他说:"它不仅具有一种能够深深打动人类自然心灵的力量——这正是伏尔泰的作品所难以企及的东西,而且还能用一切伏尔泰所具有的令人钦佩的质朴和理性来表述思想。"

马太·阿诺德把古希腊最优秀诗人的诗歌称为富于想象理性的女祭司。而中国人民的精神,正如在最优秀的中国文艺作品中所见到的那样,正体现了马太·阿诺德所说的富于想象的理性。马太·阿诺德说:"后期异教徒的诗歌来自于知觉和理性,中世纪基督徒的诗歌出自心灵与想象。而现代欧洲精神生活的主要成分、现代的欧洲精神,则既不是知觉和理性,也不是心灵与想象,它是一种富于想象的理性(imaginative reason)。"

今日欧洲人民现代精神的核心是一种富于想象的理性,如果马太·阿诺德的这种说法属实的话,那么你就可以懂得,中国人的精神——即马太·阿诺德所说的富于想象的理性,对于欧洲人民来说是何等的可贵!它是何等的可贵、何等的重要,你们应该研究它,并试着去理解它、热爱它,而不应该忽视它、蔑视它,并试图毁灭它。

在我结束讲演之前,我想给诸位一个忠告。我要告诫诸位,当你们思考我所试图解释的中国人的精神这一问题时,你们应该记住,它不是科学、哲学、神学或任何一种"主义",

◎ 布拉瓦茨基夫人

◎ 安妮·贝赞特夫人

诸如勃拉瓦茨基夫人[1]或贝赞特夫人[2]的理论或"主义"。中国人的精神甚至也不是你们所说的大脑活动的产物。我要告诉你们,中国人的精神是一种心灵状态、一种灵魂趋向,你无法像学习速记或世界语那样去把握它——简而言之,它是一种心境,或用诗的语句来说,一种恬静、如沐天恩的心境(these-rene and blessed mood)。

最后,请允许我在这里引用几句最具中国味道的英国诗人华兹华斯的诗句,它在描述中国人精神中恬静、如沐天恩的心境方面,比我已经说过的或所能说的都要贴切。这几行诗句所展示给你们的是中国式人之类型那心灵与理性的绝妙结合,是那种恬静、如沐天恩的心境赋予真正的中国人的难以言状的温良。华兹华斯在他关于廷腾(Tintern)修道院的那首诗中写道:

> 我同样深信,是这些自然景物
> 给了我一份更其崇高的厚礼——

---

[1] 即布拉瓦茨基夫人(1831—1891):俄国人。1875年11月17日在纽约创建神智学会(通神学会)。1877年发表了《司殖女神的真面目》(《除去面纱的艾西斯》),其中包括关于人类和宗教发展的惊人理论。1891年,她在世界各地已拥有近十万信徒。1891年5月8日,她死的日子被信徒定义为白莲节。

[2] 即安妮·贝赞特夫人(1847—1933):英国神智学者、社会改革家。1889年加入神智学会,变成布拉瓦茨基夫人的忠实信徒。1907年当选为神智学会国际主席。1916年创建印度自治同盟,并任主席。1917年当选为印度国大党主席。

一种欣幸的、如沐天恩的心境；
在此心境里，人生之谜的重负，
幽晦难明的世界的如磐重压，
都趋于轻缓；在此安恬心境里，
慈爱与温情为我们循循引路，——
直到这皮囊仿佛中止了呼吸，
周身的血液仿佛不再流转，
躯壳已昏昏入睡，我们成了
翩跹的灵魂；万象的和谐与愉悦
以其深厚力量，赋予我们
安详静穆的眼光，凭此，才得以
洞察物象的生命。[1]

这种能使我们洞悉物象内在生命的安详恬静、如沐天恩的心境，便是富于想象力的理性，便是中国人的精神。

---

[1] 出自杨德豫译：《华兹华斯诗选·廷滕寺》，另有王佐良译《英国诗选·丁登寺旁》。

道德之美

道德之美,才是人生最美之美

孟子改良

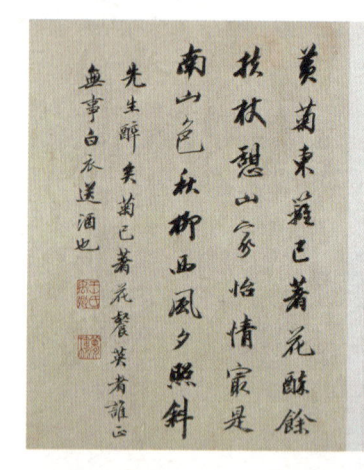

◎ 渊明诗意册页02《悠然见南山》，清石涛

　　陶靖节指东晋诗人陶渊明，私谥靖节，故称。诗云："诗书复何罪，一朝成灰尘，区区诸老翁，为事诚殷勤。"此言诗书自遭狂秦之火，至汉代真读书人始稍能伸眉吐气，然亦老矣，检收残篇，亦多失其真。且当时守旧党如董仲舒辈，欲售

其顽固之奸，恐亦不免改窜原文。近有客自游日本回，据云在日本曾见有未遭秦火之《孟子》原本，与我今所谓《孟子》七篇多有不同，譬如首章其原本云，孟子见梁惠王，王曰："叟不远千里而来，仁义之说可得闻乎？"孟子对曰："王何必仁义，亦有富强而已矣！"云云。又如，"孟子道性善，言必称尧舜"一章，其原本云："孟子道性恶，言必称洋人。"[1]《孟子·梁惠王上》原句为："孟子见梁惠王，王曰：'叟不远千里而来，亦将有以利吾国乎？'孟子对曰：'王何必曰利，亦有仁义而已矣！'"《孟子·滕文公上》原句为："孟子道性善，言必称尧舜。"云云。

1　此处是辜鸿铭反用孟子语句，以讽世。

践迹

◎ 荀子

"子张问善人之道,子曰:'不践迹。'"朱子解曰:"善人质美而未学。"又引程子言曰:"践迹如言循途守辙,善人虽不必践旧迹,而自不为恶。"余窃以为,践迹一解,盖谓行善事不出诸心,而徒行其外面之形迹,即宋儒所谓客气。如"有事,弟子服其劳;有酒食,先生馔"。此皆所谓践迹之孝也,故孔子不谓之孝。曾子论子张曰:"堂堂乎张也,难与并为仁矣。"朱子谓堂堂容貌之盛,言其务外自高,务外自高而欲学为圣人之道，其学必不能化其弊，必至于践迹，故子张问善人之道，子曰："不践迹。"此孔子对症下药也。盖学圣人之道而践迹，即欲求为善人而不可得，况圣人乎？后有荀卿[1]亦学为圣人之道者，其学终至于大醇而小疵，盖亦因务外自高所致。东坡论荀卿曰："其为人必也刚愎不逊，自许太过。"是亦自高之一证也。今日张文襄亦出自当日清流党，夙以维持圣人之道自任，而其门下康、梁一出，几欲使我中国数千年来声明文物一旦扫地净尽。东坡谓荀卿明王道，述礼乐，而李斯以其学乱天下。噫！学为圣人之道不化而至践迹，其祸之烈一至于斯。然其致病之原，乃由务外自高所致。禹对舜之言曰："无若丹朱傲。"傅说之对高宗曰："惟学逊志，务时敏，厥修乃来。"傲与逊之间，此圣学纯粹与不纯粹之所由判也。

---

[1] 即荀子（约公元前313—前238）：中国战国末期赵国人。著名思想家、文学家、政治家，儒家代表人物之一，世人尊称"荀卿"。

孔子教

一日，余为西友延至其家宴会，华客唯余一人，故众西客推余居首座。及坐定，宴间谈及中西之教，主人问余曰："孔子之教有何好处？君试言之。"余答曰："顷间诸君推让不肯居首座，此即是行孔子之教。若行今日所谓争竞之教，以优胜劣败为主，势必俟优胜劣败决定后，然后举箸，恐今日此餐大家都不能到口。"座客粲然。传曰："道也者，不可须臾离也。"孔子六经之所谓道者，君子之道也。世必有君子之道，然后人知相让。若世无君子之道，人不知相让，则饮食之间，狱讼兴焉；樽俎之地，戈矛生焉。余谓教之有无，关乎人类之存灭，盖以此也。

自强不息

"'唐棣之华,翩其翻而,岂不尔思,室是远而。'子曰:'未之思也,夫何远之有?!'"余谓此章,即道不远人之义。《自强不息箴》,其文曰:"不趋不停,譬如星辰。进德修业,力行近仁。卓彼西哲,其名俄特,异途同归,中西一辙。勖哉训辞,自强不息。"可见道不远人,中西固无二道也。

犹龙

孔子适周,将问于老子。老子曰:"子所言者,其人与骨皆已朽矣,独其言在耳。且君子得其时则驾,不得其时则蓬累而行。吾闻之,良贾深藏若虚,君子盛德容貌若愚,去子之骄气与多欲、态色与淫志,是皆无益于子之身,吾所以告子若是而已。"余谓虞舜,圣人也,而大禹犹戒之曰:"无若丹朱傲。"孔子,圣人也,而老聃亦戒之若此。谁谓孔子之所以成为万世纯粹之圣学者,非受老子此一番之告诫也耶!

○《老子像》，明文征明

学术

◎ 陆象山

宋陆象山[1]云:"为学有讲明,有践履,《大学》'致知格物';《中庸》'博学审问,慎思明辨';《孟子》'始条理者,智之事',此讲明也。《大学》'修身正心';《中庸》'笃行之';《孟子》'终条理者,圣之事',此践履也。物有本末,事有终始,知所先后,则近道矣。欲修其身者,先正其心;欲正其心

---

1 即陆九渊(1139—1193):字子静,抚州金溪人,南宋哲学家、教育家,陆王心学的代表人物。因讲学于象山书院(今江西贵溪西南),被称为"象山先生",常被称为"陆象山"。

者，先诚其意；欲诚其意者，先致其知，致知在格物。自《大学》言之，固先乎讲明矣。自《中庸》言之，学之弗能，问之弗知，思之弗得，辨之弗明，则亦何所行哉？未尝学问思辨，而曰吾惟笃行之而已矣，是冥行者也。自《孟子》言之，则事盖未有无始而有终者，讲明之未至，而徒恃其能力行，是犹射者不习于教法之巧，而徒恃其有力，谓吾能至于百步之外，而不计其未尝中也，故曰：其至，尔力也，其中，非尔力也。讲明有所未至，材质之卓异，践行之纯笃，如伊尹之任，伯夷之清，柳下惠之和，不思不勉，从容而然，可以谓之圣矣。而孟子顾有所不愿学，拘儒瞽生又安可以之必为，而傲知学之士哉！然必一意笃实学，不事空言，然后可以谓之讲明，若谓口耳之学为讲明，则又非圣人之徒矣。"云云。余谓宋代学者，偏在践履，而不知讲明，故当日象山乃有此论。今之学者，不特不知讲明，而亦并不知士之所业何事，不以国无学术、无人材、无风俗为忧，而以国无实业为急务，遂至经生学士负赫赫山斗之名者，亦莫不将毕生精神注意于此，顾名思义，尚得谓读书人邪！昔樊迟请学稼，子曰："吾不如老农。"请学圃，曰："吾不如老圃。"樊迟出，子曰："小人哉，樊须也！"

自序[1]

有一天,我同一些外国人讨论:上海的中国居民和欧洲居民谁更道德?对此,一个英国人说:"那完全要看你观点如何。"这个英国人的此种"观点"哲学,就是马太·阿诺德所谓大不列颠人特有的无神论代词。马太·阿诺德说:"有一种哲学理论在我们中间广泛流传,它使人们相信,尽善尽美的品德或至当至上的理由是不存在的,起码,公认的和可行的至上品德或至当理由这种东西是不存在的。"阿诺德接着还援引伦敦《泰晤士报》上的一篇文章说:"试图将几种我们喜欢和不喜欢的东西强加于周围的人,是没有用的,我们必须实事求是。每个人对于宗教或世俗的完善,都有自己小小的看法。"

现在,人们之所以无法帮助英国人了解中国事情的真实

---

[1] 该篇为《中国牛津运动故事》一书的自序,辜鸿铭1910年2月1日写于上海。

状态，不仅在于每个英国人都有他自己的小小看法或观点，而且在于他根本不相信有所谓正确或错误观点这种东西。我有一个受人尊敬的英国熟人，他是上海头脑最为冷静的商人之一。有一次他光临寒舍小宴，我把国内最杰出的书法家之一的手迹拓本拿给他看，这位英国人说他敢肯定他的买办的字写得比这要出色得多，起码笔划要更为工整。这就是他自己的小小看法或观点。还有一个英国人，也出身于公立学校，活跃于上海上流社交圈。有一次他对我谈起诗来，说他极为欣赏马可利（Macaulay）勋爵的《古罗马之歌》。于是，我便把马太·阿诺德的有关评论拿给他看。阿诺德说："一个人若不能从马可利勋爵那些短歌貌似金属之鸣中，辨听出瓦釜之音来，他就不配谈诗，包括马可利勋爵的那些诗：

人们来到这个尘世，
死不过是或早或迟。

"读这样的诗不感到厌恶难受，那真是难。"

可这位公立学校出身的英国人看后却对我说：那不过是马太·阿诺德个人的意见或观点。照他看来，这些诗实在是妙不可言。因此，每一个英国人，正如英国《泰晤士报》所说的，对于诗歌、艺术、宗教、政治和文明，如何才算高超，怎样才算完美，都有着他自己小小的看法或观点。

当然,一个英国人对于中国艺术品或英国诗歌这类事物发表自己的小小看法或观点,尽管有害,却无关紧要。而当像莫理循[1]博士和濮兰德这些伦敦《泰晤士报》驻中国的通讯员们,这些对于中国已故皇太后的品德或中国的政治与文明,就如同我在前文提到的那个头脑冷静的英国朋友评论中国艺术品一样喜欢发表自己看法的人,当这些人将他们关于中国事态的"观点"送到伦敦《泰晤士报》上发表,而英国政府又根据这些"观点"来制定政策和采取行动的时候,悲惨祸乱的发生,如义和团运动,围攻各国驻北京公使馆,或更加悲惨的,日俄战争,那场因文明的问题而起的科学大屠杀,不就成了顺理成章、不足为奇的事情吗?

然而,究竟有无正确与错误的绝对标准呢?对于艺术和诗歌,对于宗教和世俗常规,乃至对于文明,是不是就没有一个公认的至当标准,可以据之判定孰好孰坏,孰优孰劣呢?说到道德或宗教与文明,基督教传教士会说:"是的,有一个标准,那就是基督教标准。"同样,在中同,一个儒学士大夫会说:"唉,如果你们基督传教士揭橥[2]你们的基督教标准,那么我们中国人就要抬出孔教的标准。"

---

1 莫理循(1862—1920):英国人,出生于澳大利亚。1897年任《泰晤士报》驻北京记者。1912年被袁世凯聘为总统府顾问。主张中国政治上"西化",经济上同英国加强贸易,因此被辜鸿铭厌恶。莫理循也骂辜鸿铭为"疯子"。

2 意为揭示,显示。

◎ 莫理循与孙天禄[1]

宋代著名诗人苏东坡（1039—1112）的弟弟，曾讲过一个乡愚第一次进城的故事。说那个乡愚见到一头母马的时候，硬说是见到了一头母牛。城里人说他弄错了，并告诉他面前的牲口是母马而不是母牛，那个乡愚却反驳说："我父亲说它是一头母牛，你们怎敢说它是头母马呢？"因此，当基督教传教

---

[1] 孙天禄做了莫理循二十年的老管家，两人有二十年的主仆情谊。

道德之美 || 229

士告知中国文人学士，道德或宗教与文明的绝对标准是基督教标准，或者，当中国文人学士告知基督教传教士说，孔教标准是绝对标准时，他们的所作所为就好比是那个乡愚。

在本书[1]的正文中，我说过："我们中国的文人学士，在欧洲现代物质实利主义文明的破坏力量面前无能为力，正如英国中产阶级面对法国革命的思潮和理论时束手无策一样。"我还说："要想有效地对付现代欧洲文明的破坏势力，中国文人学士需要扩展（expansion）。"我这里的所谓"扩展"就是需要懂得：那些后来被归纳成体系的称之基督教或儒教的理论汇编、行为规范与信条，并不是绝对真实的宗教，正如中国的文明或欧洲文明并非是真正完美无缺的文明一样。中国文人学士之所以束手无策，无能为力，是因为他们没有此种认识。现代欧洲文明无论利弊如何，其伟大的价值与力量——说到这里，我希望能与那些认为我排外的外国朋友言归于好——就在于法国大革命以来，现代欧洲人民已经有力地抓住了这种扩展观念，并且这种伟大的扩展观念已经传到中国。马太·阿诺德谈起他那个时代的英国事态时所说的情形，正与中国今日的情形相同。阿诺德说："我们长期在其中生活与活动的那种封闭的知识视野，现在不是正在打开吗？种种新的光辉不是正畅通无阻地直接照耀着我们吗？长期以来，这些光辉无由直射我们，因而我

1　指《中国牛津运动故事》一书。

们也就无法考虑对它们采取何种行动。那些拥有陈规故套并将其视为理性和上帝意志的人,他们被这些陈规故套束缚了手脚,无以解脱,哪里还有力量去寻找并有希望发现那真正的理性和上帝的意志呢?但是现在,坚守社会的、政治的和宗教的陈规故套——那种极其顽强的力量,那种顽固排斥一切新事物的力量,已经令人惊奇地让步了。当前的危险,不是人们顽固地拒绝一切,一味地抱住陈规故套不放,并将其当作理性和上帝的意志,而是他们太过轻易地便以某些新奇之物相取代,或者连陈规新矩一并蔑视,以为随波逐流即可,毋需麻烦自己去考虑什么理性和上帝的意志。"

实际上,无论是中国还是欧洲,当前的危险,不在于人们会把马太·阿诺德所说的陈规故套,即因袭已久的是非标准误认为理性和上帝的意志,而在于他们根本不相信有理性和上帝的意志这种东西存在。伦敦《泰晤士报》说:"对于'完美',人人都有自己小小的看法。"不仅如此,现在自称为自由主义者的每一个英国人,都认为他自己对于"完美"的看法或观点即便不比别人高明,起码也和别人一样高明。他们根本不在乎我们所谓的正确理性和上帝的意志。因此,现代英国人,当他来到中国时,因为打着开金矿,卖便宜肥皂,或借款给中国人修些无用的铁路来赚钱的如意算盘,试图将"自己对于'完美'的小小看法"强加给中国人,所以,只要中国人予以抵制,他就会怒火中烧,变成一个病态的悲观主义者,像濮

◎ 戈登将军

兰德那样,写一些心怀叵意,无中生有的下流事情来诽谤中国官员。

  那些有头脑的英国人,在读过濮兰德之流所写的有关清朝官员的充满叵意的鬼话和令人作呕的诽谤文字后,也应该去看一看已故戈登将军对于中国官员的有关看法。在将两者加以比较时,人们应该记住,戈登将军是一个闻名于世的基督教武士和一位君子，而濮兰德只不过是一个写通俗韵文的聪明作家和一个令人失望的中国政府前任雇员。戈登将军说："我所想到的是，如果我们逼迫中国人进行突如其来的改革，他们将会以一种猪一般的顽固群起抵制；但如果我们引导他们，就会发现他们情愿进行一定程度的改革并极易管理。他们希望有一种选择权，憎恨突然给他们划定道路，仿佛他们于事无关，不在话下。我们从前试行的办法，就是迫使他们走某种道路，使他们付出同样的代价，并认为与他们交换意见徒费唇舌，毫无必要。……我总在考虑那些清朝官员不得不与之斗争的最困难问题；他们可能完全认可我们强加给他们的一切，却不会去贯彻它；我们必须承认，说起来做这做那容易，而真正做起来却要难得多。如果他们不想在自己的军队中进行改革，我们就对这些可怜的家伙大加斥责，却没有考虑到变革必须尽可能循序渐进，赢得人心。我还能替这些（中国的）帝国主义者说得更多些。他们有很多缺点，但却蒙受了那些掠夺他们国家的外国人带给他们的更多冤屈。"[1]

在此，我想指出的是，在我看来，像濮兰德那样来中国谈进步和改革的一般现代英国人或欧洲人，他们的精神状态甚至比我们旧式的中国文人学士要不如。诚然，中国文人学士除了他们自己的文明之外不知道任何文明；但他们至少对自己的文

---

[1] 引文与1910年版略有差异。

明尚有所知，而濮兰德之流的现代英国人或欧洲人，那些油嘴滑舌地谈论中国的进步与改革的人，甚至连他们自身的文明也不知道，实际上不知道和不能知道什么是真正的文明，因为他不相信存在正确理性和上帝意志这样的东西，而不相信这种东西，世上就没有文明可言，只可能有无政府混乱状态。

依我看，其实比我们旧式的中国文人学士还远为不如的现代英国人更需要"扩展"，一种心灵开阔意义上的正确扩展。但"真正的扩展"并不告诫人们说不存在可以据之判定孰是孰非、孰优孰劣的至上之德和至当理由这类东西。心灵扩展的真正价值，在于能使我们领悟到像伦敦《泰晤士报》称之为我们自己小小看法的所谓完美，距离真正的、绝对的完美实在非常遥远。这种真正的绝对的完美，存在于事物的内在本性之中。的确，当英国人一旦弄清了真正扩展的意义所在，他就会意识到他现在那种小小的猜测，即那种对于宗教和世俗完美的小小看法，实在是一个极其狭隘的小小看法，由此，他还会感到不再那么迫不及待地要将自己的这种小小看法强加给别人了。

然而，最大的困难在于如何实现这种真正的扩展。我觉得有一件事情必不可少，用一句政界的时髦词来说，就是"门户开放"的原则。不是贸易和铁路的"门户开放"，而是知识和道德上的"门户开放"。毫无疑问，没有知识和道德上的"门户开放"，真正的扩展是不可能的。这种"门户开放"原则，用圣保罗的话来讲，就是"检验一切事物，择善固执"。

简而言之，不仅今日中国，而且今日世界所需要的，不是那么多的"进步"和"改革"，而是"门户开放"和"扩展"，不是那种政治上的或物质上的"门户开放"和"扩展"，而是一种知识和道德意义上的扩展。没有知识上的门户开放，不可能有真正的心灵扩展，而没有真正的心灵扩展，也就不可能有进步。我已经给过圣保罗对"门户开放"的定义，下面，我再提供一个孔子关于"扩展"的定义，孔子说："在真正有教养的人们中间，是不存在种族之别的。"（有教无类。）

正是怀着促进世界"知识上的门户开放"和"道德上的扩展"事业之愿望，我写了下列文章，也是出于同一愿望，现在我将它们汇集成书，提交给公众阅览和批判。

东西文明异同论[1]

在今晚的演讲开始之前,我要请在座诸位多原谅,恐怕我今晚的演讲不太好。为什么呢?因为今晚的讲演不像前三次在大东文化协会所做的演讲那样,事先做了充分的准备。

我应大东文化协会的邀请来到日本时,只准备了三个演讲题目。因此,一直到两三天前,关于今晚的讲演,还没有想好要讲什么。好容易想到了"东西异同论"这个题目,遗憾的是已没有充足的时间准备了。因此,我所作讲话其中可能有些零乱不系统。若果如此,希望诸位不要予我以苛责。

有名的英国诗人吉卜林[2]曾说:"东就是东,西就是西,二者永远不会有融合的时候。"这句话在某种意义上说有它的合理处。东西方之间确实存在着很多差异。但是我深信,东西方

---

1 辜鸿铭1924年在日本东京工商会馆的演讲。
2 约瑟夫·鲁德亚德·吉卜林(1865—1936):英国作家、诗人。出生于印度孟买。1900年,创作小说《基姆》;1907年,出版《老虎!老虎!》,获诺贝尔文学奖;1926年,获英国皇家文学会的金质奖章。1936年1月18日,因脑溢血在伦敦逝世。

◎ 吉卜林

的差别必定会消失并走向融合的,而且这个时刻即将来临。虽然,双方在细小的方面存有许多不同,但在更大的方面,更大的目标上,双方必定要走向一起的。

因此,所有有教养的人,都应为此而努力,为此而作出贡献,而且这也是有教养人们的义务。

不久以前,一个德国友人定居在广东,他非常关心东方文明,他死的时候,我给他做了墓志铭:"你最大的祝愿,是实现东西方优良方面的结合,从而消除东西畛域。"[1]

因为常常批评西方文明,所以有人说我是个攘夷论者,其

---

[1] 辜鸿铭为纪念来华德国人海尔曼·布德勒(生平不详)所写的悼亡诗中的一句。

实,我既不是攘夷论者,也不是那种排外思想家。我是希望东西方的长处结合在一起,从而消除东西界限,并以此作为今后最大奋斗目标的人。因此,今晚我给大家讲讲东西文化之间有哪些差异。

东西文明有差异是理所当然的。从根本上说,东方文明就像已经建成了的屋子那样,基础巩固,是成熟了的文明;而西方文明则还是一个正在建筑当中尚未成形的屋子。它是一种基础还不牢固的文明。

一般说来,欧洲文明根源于罗马文明,而罗马文明又像诸位所知道的那样根源于古希腊文明,在罗马帝国灭亡后,欧洲人民就创造了一种新的文明——巴罗克文明,也就是欧洲中世纪文明。那时的欧洲虽然处在野蛮时代,但是随着基督教的兴起,蛮人逐渐进步,从而开始创造文明,而后,众所周知,文艺复兴时代到来。

恰巧与之相对应的是中国六朝的文艺复兴时代。此时罗马人的古典文明是被五个蛮族集团消灭的。从此欧洲人就以基督教和《圣经》为蓝本(基础),创造了新的巴罗克文明。

然而,随着欧洲人知识的进步,过去的宗教文化就不能适应了,如同中国在唐代兴起文艺复兴一样,在欧洲,有了意大利文艺复兴,进而有马丁·路德的宗教改革。为此,欧洲经历了四十多年的战争,终于成功地实现了改革,以后到了法国大革命,它是以改变政治结构为主要目的的。但社会自身却并未有所变化。因此，经历了上次的欧洲大战之后，欧洲人所面临的问题是改造社会，因此社会主义、过激主义四处兴起，过激主义的目的是彻底破坏旧的东西而制造新的东西。这种"破坏性"的主义，也是欧洲社会中必然产生的结果。所以，欧洲文明，实如同一个正在改造、构筑、建设当中的屋子。

而我们东方的文明，则不仅已构成了屋子，而且已经住上了人。东西文明的差别就由此而生。欧洲人没有真正的文明，因为真正的文明的标志是有正确的人生哲学，但欧洲人没有。在中国，把真正的人生哲学称为"道"，道的内容，就是教人怎样才能正当地生活，人怎样才能过上人的生活。有"文以载道"这样一句话，"文"即"文学"，在中国，文学可以说是教给人们正确的人生法则的东西，西方人长时间内为了寻找这真正的人生道路，作出了很大的努力，但至今未果。而中国人依据四书五经，就可以明"道"。很遗憾，欧洲没有这样的东西。欧洲有的是基督教。基督教叫人们怎样去做一个好人。而孔子学说则教人怎样成为一个良好的国民，努力做一个好人当然是好事，但这并不是一件什么难事。比如登山拜神即可成为一个好人，而想做好一个良民，则须知"五伦"之道，这却是一件相当难的事。

为寻找正确的人生之道，欧洲学者提出了多种主张，如斯宾塞、卢梭，等等。他们的主张从某个方面看是正确的，但是作为一个整体来看，它是不完善的，不是那种真理性的东西。

诸君如果以为它们完全正确而予以吸取，那是非常危险的。

下面，我想分五条，讲一讲东西方的差异之处。第一，个人生活；第二，教育问题；第三，社会问题；第四，政治问题；第五，文明。以上五个问题，无论哪个范围都很广，非一晚所能尽述，故今晚我只拣重要的说一说。

首先，我们考察一下个人生活。

作为个人，我们必须首先考虑的是人的生活目的。换言之，即人应该做些什么？什么是人？对此，英国思想家弗劳德说："我们欧洲人，从来没有思考过人是什么。"也就是说，做为一个人，是当一个财主好呢？还是去做一个灵巧的人好呢？关于这个问题，欧洲人没有成型的看法，由此可见，说欧洲人没有正当的人生目标，不是我一个人，欧洲第一流思想家也持与我同样的意见。

相反，我们东方人则早已全然领会了人生的目的，那就是"入则孝，出则悌"。即在家为孝子，在国为良民。这就是孔子展示给我们的人生观，也就是对于长者即真正的权威人士必须予以尊敬，并听从他的指挥。"孝悌仁之本"，是中国人的人生观，也是东方人的人生观。

关于人生观方面，再一个差别就是，欧洲人认为人生的目的在于运动。而我们东方人认为人生的目的在于生活。西方人为运动而生活，东方人则为生活而运动，他们是为赚钱而活着，我们则是为享受人生而创造财富，我们不把金钱本身作为人生的目标，而是为了幸福而活动。孔子说："仁者以财发身，不仁者以身发财。"那意思就是好人为了生活而创造钱财，而恶人则是舍身去赚钱。西方人，尤其是美国人，为了赚钱连命都不要，这就是东西方人的差异之处。也就是说，西方人贪得无厌不知足，而东方人则是知足者常乐。为了东西方能真正地走到一起，他们西方人必须改变自己的做法，而采取我们的办法。

下面谈一下教育。

欧洲的教育目的，在于怎样做一个成功的人，怎样做一个能适应社会的人。常常有西方友人对我说：我们是生活在二十世纪，而你们则由于还在接受十九世纪的教育，所以就无法成功。实际上，我们东方的教育，不仅能使我们的子弟适应现代社会的生活，而且还能促使现代世界向着更美好的方向发展。孔子说：教育的目的在于称作"大学"的根本之上。那就是"大学之道，在明明德"，也就是发明[1]人们当中所固有的辨别道德的能力，这就是教育的目的。必须成为一个为社会所推崇的人，成为一个聪慧的人，也就是说，教育的目的，在于为了明德，在于为了创造一个新的更好的社会而培养人才。《大学》中的"作新民"之"民"不是指人民，而是指社会，创造新的更好的社会是高等教育的目的，这才是孔子的本意。诸位，共

---

1 原文用词，此处疑为发现。

同努力为创造一个新的世界、新的社会而奋斗，努力做一个更好的法学家，良好的工程师，共同创造出一个美好的社会。

下面再谈谈东西方教育方法的差异。

在中国，初等教育和高等教育有一个清楚的划线：在初等教育阶段，主要是教孩子们使用他们的记忆力，而不注意让他们使用判断能力，首先让他们通晓祖先留下来的东西。而在西方，从孩提时代起，就对他们灌输艰深的哲学知识。在中国则是在高等教育阶段方才对学生讲授深奥学问的。我认为这是难能可贵的办法，把像哲学那样深奥玄虚的东西讲给孩子们听是不合适的。

还在爱丁堡做学生的时候，我们曾组织了一个七八人互相钻研、共同进步的学习小组，互相学着作论文。有一回，其中一个人说，这样好的论文是否可以发表？另外一个人反对说，这样的东西不能出版。大家于是就根据这个人的主张，约定四十岁以前不出东西，因为我们必须对我们的问世之作有确切的把握，而这在四十岁之前是办不到的。

孔子说："四十而不惑。"我是坚决地遵守着这个约定的。我的第一部书出版时正值四十一岁。虽然现在日本连中学生都可以出杂志，但我觉得还是禁止为好。

第三，谈一谈东西社会的差异。

东方的社会，立足于道德基础之上，而西方则不同，他们的社会是建筑在金钱之上的。换言之，在东方，人与人之间关系是道德关系,而在西方则是金钱关系。在东方,我们注重的是名分。

试想一下,在封建时代,当领主对家臣说"你必须服从我",而家臣反问"为什么"的时候的情形。那时,领主会很简单地回答道:"根据名分,我是你的主人。"如果家臣又问:"是什么样的名分?"领主又会回答道:"是大义名分。"

然而在现在的日本,暴发户对工人说:"你必须服从我!"如果工人反问:"为什么?"那时暴发户将回答:"是依据名分。"可如果工人再追问:"根据什么名分?"暴发户将回答:"是金钱名分。"(指金钱关系、财产等级所导致的人与人之间的关系。)这不是大义名分。可是在美国,名分完全以金钱为基础,在东方,人与人之间的关系,实在是神圣的道德关系,夫妻、父子、君臣都是天伦关系,而在美国,人与人之间只是利害关系,人们之间的关系建筑在金钱的基础之上。

而东方社会则建立在"亲亲、尊尊"这样的两个基础之上,也就是社会亲情和英雄崇拜(Affection and Hero worship)。我们热爱父母双亲,所以我们服从他们,而我们所以服从比我们杰出的人,是因为他在人格、智德等方面值得我们尊敬。学者同车夫相比,所以比车夫更值得尊敬,是因为学者从事的是脑力劳动,比较艰苦,而车夫从事的是体力劳动,不像脑力劳动者所从事的那样高难。所以,他所受到的尊敬,自然要低得多。假如有这么一个社会,让车夫坐车,而让学者拉车,尊敬车夫而鄙视学者,那么,这社会还成其为社会吗?

现在的中国就有这样的趋势,我们或许当车夫更合算。

如果金钱成为社会的基础,那么,社会就有堕落到这种状态的危险。

《中庸》说:"仁者人也,亲亲为大。义者宜也,尊贤为大。"如同上面所讲的那样,我们服从父母是因为我们热爱父母;我们服从贤者,是因为我们尊敬贤者,这就是东方社会的基础。诸位来听我的这个讲演,是因为诸位有尊贤之心,尽管我实在没有这样的资格。

下面谈谈政治。

关于政治,我以为可以分为三阶段。政治的构成是以保护人民的安宁为目的的,在它的初期,文化尚不发达,人民愚昧无知,同小孩相似。那时候为了保证社会的秩序和安宁,换言之,就是针对少数人做坏事,该采取怎样的措施?为此统治者说:"你们不得做坏事,如果做坏事,就要受到神的惩罚。"在中国,这种政治方式被叫"神道设教"。这便是初期的政治。

帝政时期的欧洲是通过基督教来统治人民的。但是,随着文艺复兴运动的兴起,人民日渐觉醒,不再信神了,相应的也就不怕神灵的惩罚了。因此,欧洲的统治阶级,尤其是普鲁士国王,便实行警察统治,依靠警察来保障社会的安宁和秩序。也就是说,文艺复兴之后的欧洲,所行的是强权政治。最近的欧洲大战,就是这种强权政治的结果。这并不是我个人的意见,英国伟大的思想家卡莱尔就说:"欧洲社会是混乱加上警察(即警察统治的无政府社会)。"他的意思就是说,欧洲政治如果放弃强权,第二天就会乱作一团。

因此,怎样摆脱强权政治,就是战后欧洲所面临的重大问题。

然而,在我们东方,我们既没有那样的对神的恐惧,也没有对警察的恐惧。那么我们怕什么呢?因为怕什么才维持了我们社会的秩序呢?那就是良心!那就是廉耻和道德观念!正因为忌讳这个,我们才不干非礼之事。在中国,归还借的钱,并非因为怕律师,也不是怕法院的追究,不还所借之钱,对自己来说是一种耻辱。是因此而还钱而非为别的。我服从中国的天子并非出于害怕,而是出于尊敬,也就是说,我们遵守的是三纲五常,一旦有了这个,就不用警察了。当然,在中国也并非满街圣人,人人君子,坏人还是有的,所以警察也还是要的。我只是说,一般的纠纷,依据礼义廉耻就可以解决,所以警察用不着那么多。在这一点上,是值得欧洲人好好学习的,而我们则没有向他们学习的必要。

最后,也就是第五,讲讲东西文明的差异。

关于这个,我们得首先考虑一下文明的意思。所谓文明,就是美和聪慧。然而欧洲文明是把制作更好的机器作为自己的目的,而东方则把教育出更好的人作为自己的目的,这就是东方文明和西方文明的差别。常有人说,欧洲文明是物质文明,其实欧洲文明是比物质文明还要次的机械文明。虽然，罗马时代的文明是物质文明，但现在的欧洲文明则是纯粹的机械文明，而没有精神的东西。

举个例子说明一下，比如写东西，西方人使用打字机，这样，我们所有的表现美的手法，就难以发挥出来。

再一个就是在西方，连招呼自己家的用人都用电铃。而在东方，则这样做（打一个手势）马上就可以叫来用人，而这样做要好得多。在日本，现在也开始采用西方的机械文明了，要想从明天开始就矫正它是困难的，但是应该考虑到他们的文明是错误的，我们有必要在一边采用他们的文明的同时，一边要加以修改。如果说，现在无法排除已经从他们那儿学来的机械文明，那么，就不要再增加了。

最后，为了在东京向诸位道别，我还想再说一两句。我在日本所作的讲演中，对日本颇加赞扬，这是我的真正公正的评价，但是一些外国论者歪曲说是对日本人的讨好。实际上我根本没讲讨好日本人的话，如果说讨好，也没有必要讨好日本人，要讨好毋宁讨好中国人，应该拍袁世凯、曹锟的马屁，那样的话，至今我不是大总统也是总理大臣。因此说我讨好日本人纯粹是诬蔑。我赞扬了日本，因为赞扬也就相应地希望诸位把日本建设得更好。我常说日本人实在是了不起的国民，对于这样赞誉，诸君应该了解到诸位的责任更加重大。

在孔子的书里有这样一句话，叫"责备贤者"。它的意思就是高尚的人，领导社会的人，站在社会前列的人，应负有更大的责任。诸位是社会的指导者，因此诸位不要忘记你们身上负有比一般人更重大的责任。

一般的人，即使做了坏事也无什么大害，而有教养的人，引人注目的人，也就是像诸位这样的人，如果做了坏事，那就将给社会带来非常恶劣的影响。切望诸君不要有负于我对日本的称赞，做一个高尚的人。

图书在版编目（CIP）数据

国学之美 / 辜鸿铭著；许晓善编. -- 北京：中国画报出版社, 2022.8
（美学大师课）
ISBN 978-7-5146-2145-7

Ⅰ.①国… Ⅱ.①辜… ②许… Ⅲ.①国学—文集 Ⅳ.①Z126.27-53

中国版本图书馆CIP数据核字(2022)第082220号

国学之美

辜鸿铭 著　许晓善 编

出 版 人：方允仲
策　　划：许晓善
责任编辑：程新蕾
内文排版：郭廷欢
责任印制：焦　洋
营销编辑：孙小雨

出版发行：中国画报出版社
地　　址：中国北京市海淀区车公庄西路33号　邮编：100048
发 行 部：010-88417360　010-68414683（传真）
总编室兼传真：010-88417359　版权部：010-88417359

开　　本：32开（787mm×1092mm）
印　　张：8
字　　数：180千字
版　　次：2022年8月第1版　2022年8月第1次印刷
印　　刷：万卷书坊印刷（天津）有限公司
书　　号：ISBN 978-7-5146-2145-7
定　　价：59.80元